# SYNDICALISME ET GESTION DES CONFLITS DE TRAVAIL

La grève et la négociation

Édition revue et corrigée

Pour obtenir notre catalogue, vous pouvez écrire à :
editions@cerap-inades.org et consulter le site :
www.cerap-inades.org



Editions du CERAP - Édition revue et corrigée, 2024
08 BP 2088 Abidjan 08 Côte d'Ivoire.

Adou APPIAH

# SYNDICALISME ET GESTION DES CONFLITS DE TRAVAIL

## La grève et la négociation

Édition revue et corrigée

Les Éditions du CERAP

**Ouvrage du même auteur**

Le syndicalisme en Afrique subsaharienne : l'expérience de la Côte d'Ivoire, Paris, L'harmattan, 2013.

# DÉDICACE

*Cet ouvrage est dédié aux travailleurs en quête d'une justice sociale partout dans le monde.*

# SIGLES ET ABRÉVIATIONS

| | |
|---|---|
| AG | Assemblée Générale |
| AIT | Association Internationale du Travail |
| ANAM | Agence Nationale de l'Aviation Civile et de la Météorologie |
| ASECNA | Agence pour la Sécurité de la Navigation Aérienne |
| BIT | Bureau International du Travail |
| BRVM | Bourse Régionale des Valeurs Mobilières |
| CARENA | Compagnie Abidjanaise de Réparation Navale |
| CCI | Chambre de Commerce et d'Industrie |
| CCT | Commission Consultative du Travail |
| CDAA | Communauté de Développement d'Afrique Australe |
| CEDEAO | Communauté Économique des États de l'Afrique de l'Ouest |
| CGECI | Confédération Générale des Entreprises de Côte d'Ivoire |
| CIE | Compagnie Ivoirienne d'Électricité |
| CISL | Confédération Internationale des Syndicats Libres |
| CLS | Comité de la Liberté Syndicale |
| CMT | Confédération Mondiale du Travail |
| CNDS | Commission Nationale du Dialogue Social |
| CSI | Confédération Syndicale Internationale |
| CT | Code du Travail |
| CTM | Conférence des Travailleurs de Madagascar |
| DDHC | Déclaration des Droits de l'Homme et du Citoyen |
| DIH | Droit International Humanitaire |
| DUDH | Déclaration Universelle des Droits de l'Homme |

| | |
|---|---|
| EUA | États-Unis d'Amérique |
| FES | Friedrich-Ebert-Stiftung |
| FESACI | Fédération des Syndicats Autonomes de Côte d'Ivoire |
| FMI | Fonds Monétaire International |
| INS | Institut National de la Statistique |
| IPC | Indice de Perception de la Corruption |
| OCDE | Organisation de Coopération et de Développement Économiques |
| OIT | Organisation Internationale du Travail |
| ONG | Organisation Non Gouvernementale |
| ONU | Organisation des Nations unies |
| OSC | Organisations de la Société Civile |
| PIB | Produit Intérieur Brut |
| PND | Plan National de Développement |
| PTF | Partenaires Techniques et Financiers |
| PVG | Procès-Verbal Global |
| PVP | Procès-Verbal Partiel |
| RPDC | République Populaire Démocratique de Corée |
| SAC | Système d'Action Concret |
| SMIG | Salaire Minimum Interprofessionnel Garanti |
| TMS | Taux Marginal de Substitution |
| UA | Union Africaine |
| UEMOA | Union Économique et Monétaire Ouest Africaine |
| UGTCI | Union Générale des Travailleurs de Côte d'Ivoire |

# PRÉFACE À LA PREMIÈRE ÉDITION

Cet ouvrage est la suite d'un premier publié quelques années plutôt, en l'occurrence *Le syndicalisme en Afrique subsaharienne : l'expérience de la Côte d'Ivoire.* Tiré directement du moule académique et essentiellement basé sur la recherche fondamentale, il s'est contenté de décrire des faits ; ressortir les limites du syndicalisme ivoirien et mettre au jour les difficultés auxquelles les différents acteurs étaient confrontés sans pour autant leur offrir des solutions on ne peut plus concrètes.

Quant à celui-ci, il tente de résoudre ces problèmes soulevés par le précédent. Il n'est pour autant pas une panacée. Il ne s'agit pas, ici, de fournir des recettes toutes faites qui permettraient de venir à bout de tout employeur lors d'une grève ou d'une négociation. En revanche, il aide le lecteur à s'approprier ces deux concepts d'un point de vue historique et juridique et aussi sociologique avant de proposer quelques outils à adapter en fonction du contexte qui prévaut.

En ce sens, il permet au lecteur de s'imprégner des approches théoriques de la grève et de la négociation avant toute chose, c'est-à-dire les posséder réellement avant de tenter de s'en servir comme des modalités de gestion des conflits en milieu professionnel. C'est seulement à ce prix que cet ouvrage aura atteint l'objectif que l'auteur a bien voulu lui assigner. D'ailleurs, pour les chercheurs, il s'agit d'une invite à un débat afin d'enrichir et documenter ce champ quelque peu délaissé par la littérature scientifique, surtout en ce qui concerne le contexte africain.

**Adou APPIAH**

# PRÉFACE À LA PRESENTE ÉDITION

Cette présente édition paraît quatre années après la première qui a reçu un accueil chaleureux dans le milieu syndical autant que dans le monde académique. Le temps relativement court entre ces deux éditions n'autorise pas à opérer des changements majeurs. Ainsi, l'image de la couverture a été conservée. Elle traduit la solidarité. En effet, de petits poissons regroupés, organisés et disciplinés font face à l'un des plus grands et gros prédateurs du monde marin qui doit certainement contenir son envie pour la circonstance. Ceci illustre, si besoin est encore de le démontrer, la réalité dans les entreprises publiques et privées dans un mode de production capitaliste.

Par ailleurs, les différents chapitres contenus dans la première édition ont été conservés en l'état, car leur structuration en trois parties vise à faciliter la compréhension de la gestion des conflits de travail. *Grosso modo* il s'agit de la (i) définition des concepts clés, notamment la grève et la négociation, (ii) les préalables à la grève et à la négociation, et la (iii) conduite de la grève et de la négociation. En outre, les quelques coquilles et autres erreurs de frappe ont été corrigées dans cette nouvelle édition.

En outre, pour faciliter la lecture et les recherches deux index ont été ajoutés : l'index des noms contient tous les auteurs cités dans l'ouvrage tandis que l'index de mots comporte tous les concepts en rapport avec la grève, la négociation et plus largement la gestion des conflits de travail. Aussi, le format de l'ouvrage a été modifié pour rendre la lecture plus agréable.

Du reste, il convient de rappeler à toutes fins utiles que cet ouvrage n'est pas une panacée fournissant des recettes magiques aux acteurs du monde syndical pour gérer leurs conflits. Il s'agit d'une invite à ces derniers de contextualiser le contenu du livre en l'adaptant à leur situation particulière.

En effet, chaque conflit est spécifique et doit être considéré comme tel. De ce fait, chaque cas devra être analysé et traité avec circonspection afin de déterminer les meilleures perspectives de sortie du conflit.

Pour finir, l'ouvrage demeure un document utile pour la recherche sur les problématiques de la grève, de la négociation et de la gestion des conflits. En effet, le caractère dynamique de ces faits sociaux constitue en soi une raison de poursuivre les recherches sur cette thématique. Les mutations constantes des relations professionnelles liées à la mondialisation et surtout à la digitalisation de l'économie entraînent de nouvelles formes de travail où les salariés sont encore plus vulnérables. Il reste donc à espérer que cette deuxième édition constituera une porte d'entrée pour enrichir le débat sur la grève, la négociation et la gestion des conflits.

**Adou APPIAH**

# AVERTISSEMENT

Bien que l'ouvrage puisse intéresser un public diversifié en ce qui concerne la langue, notamment celui des pays ayant le français en partage, les cas pratiques choisis portent essentiellement sur les textes de lois et autres documents juridiques de la Côte d'Ivoire. Ce qui ne constitue, cependant, pas un obstacle pour les autres États, car les textes juridiques régissant les relations professionnelles présentent de nombreuses similitudes avec la Côte d'Ivoire.

Les Codes du travail revus après les indépendances dans ces pays ont quasiment laissé la place à de nouveaux codes à partir des années 1990 sous l'injonction d'institutions comme la Banque Mondiale en vue de rendre le travail et la main-d'œuvre plus flexibles, de faciliter l'embauche et les licenciements, d'octroyer plus de pouvoir à l'employeur, d'offrir une protection « limitée » aux travailleurs et à leurs représentants, et surtout d'accroître le profit. On retrouve donc *mutatis mutandis* des dispositions identiques dans les textes d'un État à un autre.

Il en va de même en ce qui concerne les décrets d'application qui les accompagnent. Le lecteur d'une Nation d'Afrique d'expression française, autre que la Côte d'Ivoire, pourra donc facilement retrouver des dispositions équivalentes dans la législation de son pays. Les acteurs impliqués dans la gestion des conflits dans ces pays pourront utiliser cet ouvrage en l'adaptant et en tenant compte du contexte et des spécificités juridiques de leur État.

# INTRODUCTION

La gestion des conflits est une pratique courante dans tous les compartiments de la vie en société ; les pratiques sont multiples et diversifiées. Le plus souvent, elle est spontanée et fonction du contexte, du lieu, de l'environnement, etc., et laissée à la discrétion des participants. Dans certains domaines cependant, elle est codifiée (Thuderoz, 2010) et obéit à des règles particulières. C'est le cas du milieu professionnel qui suit un ensemble de normes édictées à l'avance et où les acteurs, liés par un contrat de travail, sont tenus de partager le même espace après le conflit (Bevort et al., 2012). Ne serait-ce que pour ces deux raisons au moins, elle devrait être comme un fleuve tranquille.

Et pourtant, elle génère d'autres conflits, crée des tensions de toutes sortes et affecte la production, induisant ainsi un cycle infini de grèves et de négociations. Même les pays ayant institué des négociations obligatoires (Landier, 2015) ne font pas l'économie de conflits parfois violents et ne sont pas à l'abri de ce cycle infernal de grèves et de négociations. La gestion des conflits est donc une activité permanente et dynamique puisque le conflit lui-même dépend des époques et du contexte spécifique qui l'ont vu naître (Thuderoz, 2000).

Dans les pays économiquement avancés, de nombreux auteurs se sont intéressés à la gestion des conflits. Ainsi la grève et la négociation ont-elles reçu suffisamment d'attention des chercheurs, des experts, des managers, etc. Ces questions sont donc suffisamment documentées, car la littérature, à ce sujet, y est abondante.

Dans le contexte ivoirien cependant, il existe très peu d'ouvrages traitant de la question. C'est à croire qu'elle ne suscite aucun intérêt. Et pourtant le besoin de gérer les conflits en milieu professionnel est réel. Quel employeur ne rêve-t-il pas d'avoir une entreprise sans conflit ? Quel leader syndical ou quel militant ne souhaite-t-il pas glaner des succès à l'issue des conflits l'opposant à l'employeur ? Quel administrateur des lois sociales ou juge du travail ne voudrait-il pas avoir dans sa zone de compétence des relations professionnelles apaisées ? Quel gouvernement ne souhaite-t-il pas avoir un appareil productif sans conflits ou même « pacifié » ? C'est dire que l'offre de gestion des conflits existe au niveau des différents acteurs impliqués dans la production, chacun selon ses intérêts.

C'est à ce niveau que surgit le paradoxe. Comment expliquer le peu d'attention accordé à la gestion des conflits en milieu professionnel alors que le besoin existe bel et bien ? Cette question suscite davantage des interrogations et très peu de réponses ; ce qui ne fait qu'épaissir la problématique soulevée par ce paradoxe. Une autre façon de résorber ce problème serait de poser la question suivante : comment gérer les conflits en milieu professionnel ? Autrement, quels sont les outils (théoriques et pratiques) nécessaires à la disposition des différents acteurs en matière de gestion des conflits ?

L'objectif de cet ouvrage est de fournir aux acteurs du monde du travail les outils pour aborder la grève et la négociation dans de meilleures conditions, c'est-à-dire avec toutes les connaissances de base. Les acteurs concernés sont les leaders syndicaux à qui il s'adresse particulièrement, mais aussi aux militants, aux employeurs et aux représentants de l'administration du travail. Aussi est-il destiné aux chercheurs qui s'intéressent aux relations professionnelles en général, mais à la grève et à la négociation en particulier. En outre, toute personne ayant un intérêt particulier pour ces questions trouvera, ici, quelques réponses à ses préoccupations.

En ce qui concerne les analyses, l'ouvrage s'appuie essentiellement sur la sociologie du travail, mais au besoin, l'histoire, le droit et l'économie seront convoqués pour rendre compte des faits ainsi que des interactions entre les acteurs à l'occasion de la grève et/ou de la négociation et plus largement du travail ou de la production. Le lecteur ne s'étonnera donc pas de voir de nombreuses références historiques et juridiques dans l'ouvrage. Elles visent simplement à l'aider à comprendre davantage le sujet traité.

De plus, l'ouvrage mobilise une importante littérature pour atteindre l'objectif fixé. Des ouvrages et des articles scientifiques, en rapport avec le sujet, ont été consultés à cet effet. De même, des rapports, des textes juridiques et les manuels relatifs au sujet traité ont été parcourus. Aussi, des documents en ligne et des sites Internet ont-ils été consultés et visités. La compilation de toute cette documentation a permis de structurer l'ouvrage en trois parties.

La première partie s'intéresse aux aspects théoriques de la grève et de la négociation et comprend deux chapitres. Le premier est relatif à la grève tandis le second traite de la négociation. Tour à tour, ces concepts sont abordés de façon théorique en convoquant l'histoire, le droit et la sociologie. Cette démarche permet de délimiter ces deux concepts pour mieux les aborder dans les chapitres suivants, mais aussi pour la gouverne du lecteur.

La deuxième partie présente les préalables à une grève ou à une négociation. Elle se décline en deux chapitres, en l'occurrence le chapitre trois et le chapitre quatre. La grève et la négociation sont trop sérieuses et comportent trop d'implications le plus souvent préjudiciables aux travailleurs pour qu'elles soient traitées avec légèreté. Cette partie offre donc au lecteur les ressources à mobiliser avant de démarrer une grève ou une négociation.

Ainsi le chapitre trois traite-t-il de l'analyse de la situation. En effet, il est impératif d'avoir une vue synoptique sur l'environnement tant intérieur qu'extérieur de l'entreprise avant de s'engager dans une grève ou une négociation. Cela passe par une collecte de l'information qui permettra de faire une analyse adéquate de la situation.

Le chapitre quatre quant à lui, s'intéresse à l'approche juridique de gestion des conflits professionnels dans le contexte ivoirien. En fait, elle est incontournable. Que l'on commence le conflit par la grève ou qu'on veuille négocier, le législateur a défini ce cadre qui est un passage obligé. D'ailleurs, qu'il s'agisse de la Fonction Publique ou du secteur privé, le législateur en fait un préalable avant le déclenchement de la grève. C'est pourquoi il convient d'en saisir les subtilités avant toute chose.

La troisième partie aborde la conduite de la grève et de la négociation. Après avoir saisi les aspects théoriques et exposé les préalables, c'est le moment de s'attarder sur la conduite de la grève et de la négociation. Autrement dit, il s'agit de mettre à nu les principes permettant de mener convenablement une grève ou une négociation. À cet effet, le chapitre cinq qui porte sur la grève, propose trois étapes que sont la préparation, le lancement et l'évaluation de la grève. Ces étapes sont précédées des préliminaires qui posent les bases des actions à mener.

Le dernier chapitre, c'est-à-dire le chapitre six, lui, est relatif à la négociation qui suggère trois phases à savoir la préparation, le déroulement et l'évaluation de la négociation. Mais elles s'appuient sur les prérequis développés dans le cadre de la grève.

# PREMIÈRE PARTIE :

# LES ASPECTS THÉORIQUES DE LA GRÈVE ET DE LA NÉGOCIATION

# CHAPITRE 1

# LA GRÈVE

## 1. UN APERÇU DE LA GRÈVE

### 1.1. Une définition de la grève

La réalité que recouvre la grève n'est pas nouvelle (Lefranc, 1970). Même si nous ne sommes pas encore dans un contexte capitaliste, l'histoire a enregistré des épisodes d'arrêts de travail d'ouvriers manifestant pour réclamer de meilleures conditions de vie et de travail. En témoignent les différents substantifs pour désigner ces arrêts collectifs de travail. D'ailleurs, déjà à partir du XIIIe siècle, les termes *taquehan, coquehan, tric*, cabale, coalition, cloque, herelle et monopole sont en usage pour désigner ce conflit de travail.

Étymologiquement, la grève provient du mot latin *grava* et désigne gravier avant d'être assimilée plus tard à la plage. Grève « ... *désigne un terrain de sable et de gravier au bord d'un cours d'eau ou de la mer. La grève est synonyme de "au bord (de la mer, d'une rivière, d'un lac)", "sur le rivage"* » (Rey, 2016 : 1034). À Paris, le bord de la Seine est baptisé place de la Grève ; c'est un lieu où se réunissent les ouvriers à la recherche d'un emploi :

> *« En effet, il provient du nom de la place de Grève à Paris (baptisée place de l'Hôtel-de-Ville en 1806), où se réunissaient les ouvriers en quête d'embauche, c'est-à-dire en chômage (on disait d'eux 'Ils sont en grève', ils cherchent du travail » (Juès, 1998 : 3).*

*« Cette place bordée d'une plage de sable, située en bord de Seine devant l'Hôtel de Ville, était l'un des principaux points d'accostage des bateaux. Les hommes sans emploi y trouvaient une embauche facile pour les chargements et déchargements » (Crouzatier-Durand et Kada, 2017 : 14-15).*

À l'origine, être en grève est donc une quête de travail en un endroit précis : le bord de la Seine, autrement une cessation involontaire d'activités et/ou une recherche d'emploi ou de travail. C'est autour de 1805 que grève commence à désigner cessation volontaire de travail (Lefranc, 1970). Toutefois, il faut attendre la deuxième moitié des années 1800 avant de voir le terme se généraliser pour prendre le sens qu'on lui connaît aujourd'hui. Lefranc (1970) fait également remarquer que ce glissement sémantique est intervenu à partir du poème de François COPPE écrit en 1877 et intitulé *La grève des forgerons* (Lefranc, 1970). Ainsi l'arrêt forcé de travail par l'ouvrier à la recherche d'un nouvel emploi ou d'une nouvelle tâche devient-il définitivement un arrêt volontaire pour cette fois protester contre des conditions de travail jugées insatisfaisantes.

En plus de la grève, d'autres formes de protestations d'ouvriers ont vu le jour, notamment le label, le boycott et le sabotage (Brau, 1978). Le label consiste à étiqueter un produit ou un bien pour certifier les conditions de fabrication selon les prescriptions des ouvriers. Par cet acte, les syndicats invitaient les usagers à consommer les produits ou les biens ainsi estampillés du label. Au rebours, les produits qui n'en avaient pas devraient être rejetés par les consommateurs (Brau, 1978). À l'analyse, le label est proche du boycott qui, lui, ne nécessite pas d'estampiller les produits. Le sabotage, lui, vise une destruction de l'appareil productif ou de la production pour manifester le mécontentement des ouvriers. Mais le caractère destructeur et peu éthique de cette méthode l'a, par la suite, rendu caduc et a vu émerger la grève comme l'arme ultime des ouvriers (Brau, 1978).

Aujourd'hui, la grève est généralement définie, en droit, comme une *« Cessation concertée et collective du travail dans le but d'appuyer des revendications. »* (Guinchard et Debard, 2018 : 532). Mais en fait, elle recouvre une réalité beaucoup plus large, car certaines formes de grève n'ont pas uniquement pour but de faire aboutir des revendications. En effet, la grève politique, la grève par solidarité et la grève générale, par exemple, ont d'autres buts comme nous le verrons plus loin. Pendant longtemps et dans de nombreux pays, la grève a été interdite avant d'être reconnue par la suite comme un droit. Pour autant, ce n'est pas une activité aisée et il existe encore des entraves d'ordre politique et surtout juridique sur lesquelles nous reviendrons dans les chapitres suivants. Mais avant, il convient de voir la grève du point de vue de l'histoire.

### 1.2. La grève dans l'histoire

Dans l'histoire, des faits majeurs impliquant des travailleurs et marquant des arrêts collectifs de travail pour protester contre leurs « employeurs », ont été enregistrés à diverses époques. Quatre d'entre eux seront traités ici : le premier est celui relaté dans la Bible lorsque les esclaves israéliens cessent de travailler pour retourner « chez eux » ; le second est celui de Spartacus, un esclave et gladiateur, qui parvient à s'échapper et organise les autres esclaves pour arrêter le travail et s'opposer militairement à Rome. Le troisième est relatif à la révolution sur l'île de Saint-Domingue menée par Toussaint Louverture qui conduira à la naissance de la nation haïtienne. Enfin, le quatrième qui peut être assimilé à la grève telle que nous la concevons aujourd'hui sera également abordé.

### 1.2.1. Moïse

La grève est, le plus souvent, assimilée à un arrêt collectif de travail en guise de protestation. De ce point de vue, l'origine de la grève peut remonter à l'Égypte pharaonique comme le souligne Touré (1978). Dans la Bible, le livre consacré à l'exode, relate les événements ayant conduit à l'arrêt définitif du travail par les Israéliens qui étaient sous la servitude. Il ne s'agit pas seulement de protester contre des conditions difficiles de travail, mais bien plus ; il est question de s'affranchir définitivement de l'esclavage dans lequel était plongé le peuple d'Israël.

Un aspect important qu'il convient de souligner ici est que cet arrêt de travail est une injonction divine. En effet, c'est Dieu qui demande à Moïse d'exiger du pharaon un arrêt de travail pour que les Israéliens effectuent des sacrifices dans le désert[1].

### 1.2.2. Spartacus

Un autre exemple qui mérite notre attention est celui de Spartacus dans la Rome antique. Le récit de Teyssier (2017) nous donne un aperçu de ses hauts faits. Le contexte de la naissance la légende de Spartacus est la mauvaise récolte de 75 à 74 av. J-C. qui affecte les campagnes militaires de Rome conjuguée à la contestation populaire de la gestion du Sénat.

La popularité des nouvelles pontes politiques se paye par des divertissements ou des cérémonies funéraires constituées essentiellement d'affrontements entre esclaves devenus gladiateurs. En réalité, les gladiateurs sont des captifs de guerre

1- Ces événements sont relatés du chapitre 3 au chapitre 14 du livre consacré à l'exode dans la Bible..

achetés par des marchands pour en faire des combattants. Leur travail consiste en un entraînement intensif pour, *in fine*, combattre à mort, si nécessaire, dans une arène où sont réunis des milliers de spectateurs.

Spartacus est originaire de Thrace (Bulgarie actuelle) ; il intègre l'armée romaine qu'il déserte, par la suite, pour devenir brigand. Il est capturé et devient esclave. Mais, d'autres versions suggèrent qu'il n'a commis aucun acte délictueux et qu'il serait un prisonnier de guerre.

Vendu comme esclave, il est formé pour être un gladiateur et mourir au combat devant des foules amassées en guise de divertissement. Refusant cette fatalité, il s'enfuit avec d'autres esclaves, constitue une armée avec ceux-ci et d'autres qui viendront le rejoindre à la suite des différentes victoires qu'il enregistrera sur les légions romaines. Ces esclaves dirigés par Spartacus affronteront, pendant trois ans, la plus puissante armée du monde à cette époque : l'armée romaine. Ils remportent plusieurs batailles et font même des prisonniers romains qu'ils soumettront à la gladiature. Finalement, Spartacus meurt au combat en homme libre.

### 1.2.3. Toussaint Louverture[2]

Les échos de la « Révolution française » se font entendre très loin, y compris dans les îles et les possessions de la France, avec ses idées et ses paroles mielleuses qui chatouillent l'esprit et les oreilles de ceux qui ne sont pas encore libres. L'article premier de la Déclaration des Droits de l'Homme et du Citoyen (DDHC) de 1789 est une de ces phrases chargées de sens qui ne demandent qu'à être traduites dans les faits : « *Les hommes*

2- Ce récit repose essentiellement sur l'ouvrage monumental de James Cyril Lionel Robert, en l'occurrence *Les jacobins noirs : Toussaint Louverture et la Révolution de Saint-Domingue*, dont la première édition date de 1938.

*naissent et demeurent libres et égaux en droits. Les distinctions sociales ne peuvent être fondées que sur l'utilité commune ».*

Mais, les esclaves vont devoir attendre plus longtemps, car une simple déclaration d'une Assemblée Nationale ne saurait, à elle seule, remettre en question plusieurs siècles de certitudes qui plus, est le fondement économique de tout un mode de production. En réaction à cette longue attente, les esclaves de l'île de Saint-Domingue commencent à s'organiser à partir de 1791, soit trois ans après les événements assimilés à la révolution en France.

Ils attaquent et détruisent tout ce qui leur rappelle les blessures et les meurtrissures qu'ils ont dû endurer tout au long de cette période peu élogieuse dans l'histoire de l'humanité. Ainsi brûlent-ils les plantations et massacrent-ils leurs maîtres avant de prendre possession des lieux. L'organisation minutieuse de ces événements historiques va être enrichie avec l'arrivée de Toussaint Louverture qui prend le commandement de la révolution.

Qui est, en fait, Toussaint Louverture ? Indubitablement, il est le fils d'un esclave venu d'Afrique et ayant bénéficié des largesses de son maître qui lui a accordé de nombreux avantages en comparaison au vécu des autres esclaves et aux pratiques en vigueur sur l'île. C'est ainsi que Toussaint Louverture va recevoir une éducation enviable pour son époque, mais bien plus, il est coaché par Pierre Baptiste, un Noir qui lui apprend la langue française et même du latin.

Armé de ces connaissances, Toussaint Louverture s'abreuve à la source de l'Abbé Raynal qui avait, dans un ouvrage prémonitoire, annoncé une révolution menée par les captifs qui n'attendaient qu'un chef réponde à l'appel de l'histoire et mette un terme à cette pratique des plus honteuses de l'histoire de l'humanité. Toussaint Louverture a ainsi joué sa partition en conduisant la première véritable révolution bien avant la commune de 1871 en France.

Le génie et le sens de l'organisation de Toussaint Louverture vont contribuer à bouter l'esclavage hors de l'île. Le combat des esclaves est couronné de succès, car l'esclavage y est aboli deux ans après le début de la révolution, c'est-à-dire en 1793. Le chef de la révolution de Saint-Domingue apporte des changements structurels et remarquables dans l'île et en fait un territoire prospère et envié de tous.

Cette victoire est de courte durée puisque l'esclavage est réinstauré dans les colonies françaises en 1802 avec l'arrivée au pouvoir de Napoléon Bonaparte qui va tenter de reconquérir l'île. À force de stratégie et de tactique militaire, de politique et de diplomatie, Toussaint Louverture va, de manière progressive, défaire les grandes puissances de l'époque qui étaient fortement impliquées dans le commerce et la traite des Africains, notamment la Grande-Bretagne, la France et l'Espagne qui tenteront en vain de soumettre les nouveaux libres en réinstaurant l'esclavage sur l'île.

Au cours d'une des nombreuses expéditions punitives et infructueuses de la France, Toussaint Louverture qui entend discuter de l'avenir de l'île, est capturé par le beau-frère de Napoléon, le général Leclerc qui le déporte dans la métropole. Ironie de l'histoire, il meurt en captivité le 7 avril 1803 dans un pays qui vient d'offrir la Déclaration des Droits de l'Homme et du Citoyen (DDHC) au monde. Il s'agit, en fait, de l'une des plus grosses contradictions de l'histoire de la France comme le fait remarquer Benot (2005) : alors que cette déclaration a consacré l'égalité entre tous les hommes[3], les constituants discutent encore un an après les événements de la place des

3- Cette égalité court de leur naissance à leur mort. C'est-à-dire qu'un africain et un français sont égaux à leur naissance, mais aussi tout au long de leur vie et ce jusqu'à leur mort.

Africains dans la société française.

En définitive, Toussaint Louverture ne verra pas l'indépendance de son pays pour lequel il avait consacré toute sa vie. Cet honneur historique échoit à l'un de ses lieutenants, en l'occurrence Dessalines qui proclamera l'indépendance de Saint-Domingue rebaptisé Haïti le 1er janvier 1804.

Ces trois exemples sont, quelque peu, éloignés de notre conception actuelle de la grève, car l'arrêt de travail, ici, n'est pas tout à fait conforme à notre approche de la grève telle que nous la concevons aujourd'hui. Le but de leur arrêt de travail n'est pas une simple protestation contre des conditions difficiles de travail, mais bien plus une quête de liberté. En effet, les compatriotes de Moïse ne sont pas des hommes libres et ne vendent, de ce fait, pas la force de travail au Pharaon. Ce sont des esclaves et il n'existe aucun contrat de travail entre ces esclaves et ce monarque.

Il ne s'agit pas de marquer un arrêt de travail en guise de protestation ; le but visé est l'arrêt définitif de travail et le départ vers la terre promise. En plus, il n'est pas évident que les élites se soient concertées pour arrêter le travail ; Moïse ayant reçu les directives de Dieu.

Cette situation est, *mutatis mutandis*, identique à celle de Spartacus et de ses compagnons. En effet, les gladiateurs ne sont pas dans une situation contractuelle de travail. Ils sont, à la base, des captifs et ne sont pas à la recherche d'une amélioration de leurs conditions de vie, mais plutôt de la liberté.

Il en va de même en ce qui concerne Toussaint Louverture. Avec lui, le but de l'arrêt de travail des esclaves ne consiste pas simplement à protester contre des conditions difficiles de travail, mais à se dégager définitivement des fers du mode de production esclavagiste et capitaliste en vigueur sur l'île de

Saint-Domingue.

En outre, ces trois exemples ont le mérite de dégager une constante. Chaque fois que des personnes travaillent sous des formes inhumaines et dégradantes, l'histoire crée les conditions favorables à une émancipation de ces derniers qui n'ont d'autres choix que de se rebeller contre le système qui les opprime, créant ainsi des changements structurels, non seulement dans les sociétés concernées, mais aussi ailleurs. Dans le cas de Spartacus, par exemple, la gladiature a pris une autre tournure et est devenue une activité volontaire en dépit des risques qu'elle comportait (Teyssier, 2017).

De même, Toussaint Louverture a mis fin à l'esclavage sur l'île de Saint-Domingue, mais a aussi créé une onde de choc qui s'est rependue sur le continent américain. Ce qui a favorisé l'indépendance de plusieurs, notamment le Venezuela, la Bolivie, la Colombie, le Pérou et l'Équateur. C'est ce que fait remarquer James (2017 : 454) :

> *« Piéton, le maître d'Haïti, soigna un Bolivar malade et vaincu, et lui donna de l'argent, des armes, une presse d'imprimerie pour l'assister dans sa campagne, laquelle prit fin avec l'indépendance des "Cinq États" ».*

Ceci a contribué à rendre caduc l'esclavage ainsi que les énormes bénéfices qu'il engendrait. Ce n'est pas un hasard si le XIXe siècle enregistre une vague successive d'abolition de l'esclavage dans le monde occidental. Aux États-Unis d'Amérique, l'abolition ou non de l'esclavage sera au centre de la guerre de Sécession opposant le Nord et le Sud entre 1861 et 1865.

Par ailleurs, ces exemples montrent que l'arrêt collectif de travail ne date pas d'aujourd'hui. L'histoire est émaillée de tels incidents, de telles révoltes et de telles confrontations entre ceux qui produisent d'une part, et ceux qui font produire d'autre part. Mais un cas est asymptotique d'une grève, celle des ouvriers salariés dans l'Égypte pharaonique.

### 1.2.4. La grève en Égypte

Retournons dans l'Égypte pharaonique pour enregistrer la première forme d'arrêt de travail collectif et concerté proche de notre conception actuelle de la grève (Lefranc, 1970). Selon Pierrotti (2009) qui donne plus de détails, les faits relatés par le scribe Amennakht se déroulent à Deir el-Médineh dans la Haute-Égypte entre 1190 et 1080 av. J.-C. et sont conservés sur le « Papyrus de la Grève ». C'est précisément sous le règne de Ramsès III, c'est-à-dire entre 1198 et 1166 avant J-C. Les faits impliquent les ouvriers, les scripts et les artisans du Pharaon travaillant dans la nécropole royale. Ils sont payés en nature comme le souligne l'auteur :

> *« Le salaire d'un jour de travail d'un travailleur de catégorie moyenne était de 10 miches de pain et une mesure de bière, et celui d'un artisan de plus haute catégorie pouvait arriver aux 500 miches de pain au mois, qu'ils pouvaient échanger par d'autres articles. Les contremaîtres et les scribes recevaient 72 sacs de céréales environ par mois et le reste des travailleurs 52 sacs » (Pierrotti, 2009 : 4).*

Toutefois, en raison de nombreux dysfonctionnements enregistrés dans la chaine de distribution des salaires, les travailleurs vont arrêter collectivement leurs activités et occuper les lieux publics pour se faire entendre et exiger leurs dus pendant trois jours.

Les promesses faites aux travailleurs, ainsi que le payement de leurs salaires vont atténuer leurs actions. Les hostilités vont, cependant, reprendre et se multiplier à cause de nouveaux retards constatés dans la paye. Cette nouvelle méthode ayant porté ses fruits continuera longtemps d'être en usage en Égypte.

S'agit-il d'une grève ? Si Pierrotti (2009) reste dubitatif sur cette question, pour nous, cela ne fait aucun doute. Cette manifestation présente, *mutatis mutandis*, toutes les caractéristiques de la grève. En effet, même si nous ne sommes pas encore dans un mode de production capitaliste et qu'il n'y a pas de machines, reconnaissons tout de même qu'il existe une forme de salariat. Il est certain que le Pharaon ou ses représentants ne sont pas à la recherche d'un profit en faisant travailler les ouvriers plus que de raison. Ce n'est pas une condition suffisante et nécessaire pour dire qu'il ne s'agit pas d'une grève.

C'est comme si dans une organisation missionnaire[4], une grève éclatait. Étant donné que le profit n'est pas l'élément structurant de l'entreprise, peut-on dire qu'il ne s'agit pas d'une grève ? Assurément non. Ou alors, au motif que le concept de grève n'existait pas à cette époque, il s'agissait d'autre chose. Il s'agit bel et bien d'une grève et c'est « *La première grève connue dans l'histoire* » comme le veut le titre de l'article de Pierrotti (2009).

Plus tard, cette forme de lutte ouvrière héritée de l'Égypte pharaonique va évoluer, mais toujours en lien avec des conditions de vie précaires des travailleurs. Ainsi au moyen âge, dans la ville de Lyon en France, les émeutes de la « *Grande Rebeine* » en 1529 (Gutton, 1974) constituent une

4- Dans l'organisation missionnaire définit par Mintzberg dans son ouvrage intitulé *Structure et dynamique des organisations*, c'est l'idéologie qui prédomine dans ce type d'organisation ; le profit est secondaire. Des normes idéalisées (religion, humanitaire, etc.) cristallisent et structurent les comportements des membres. Les unités décentralisées sont soumises à des contrôles rigoureux portés par les normes et la culture.

nouvelle forme de lutte ouvrière assimilable à une grève. Avec la révolution industrielle, ces manifestations vont se diversifier et s'intensifier dans les différents pays européens ; le point culminant étant la grève générale d'octobre 1917 en Russie.

Aujourd'hui, la grève est généralement définie comme un arrêt collectif et concerté des travailleurs en vue d'exercer des pressions sur leur employeur (Dollo et al., 2017) et appuyer ainsi les revendications.

## 2. UNE TYPOLOGIE DE LA GRÈVE

Au cours de l'histoire, les pratiques de la grève ont subi des mutations en fonction du contexte, de l'environnement, de l'évolution du droit social et aussi des stratégies des travailleurs pour accroître la pression sur l'employeur. En nous appuyant sur les ouvrages de Brau (1978), de Reynaud (1982), de Birien, Buchet et Granger (1978), de Harnecker (1992), de Guinchard et Debard (2018), de Miné et Marchand (2016, 720), de nos travaux antérieurs et de l'état des connaissances actuelles, il est possible de dénombrer dix-sept (17) types de grèves. Ce sont :

1. ***La forme élémentaire traditionnelle***

   Comme son nom l'indique, elle est élémentaire et consiste à arrêter simplement la production ;
2. ***La grève-bouchon***

   À l'instar du bouchon dont la fonction est de fermer une bouteille et empêcher que le liquide ne se verse, la grève-bouchon vise à fermer un point stratégique de l'entreprise pour empêcher que le produit fini ne sorte. Il s'agit donc de paralyser les postes ou les unités clés dans la production, conduisant ainsi à la paralysie ou à la réduction de la cadence dans les autres unités.

Ce qui a pour effet, d'aboutir à un arrêt total de la production. Elle est très efficace, car elle nécessite un nombre relativement faible de grévistes pour un résultat optimal. En effet, comme le souligne Reynaud (1982), le but recherché à travers l'arrêt de travail, est l'augmentation du coût de la production pour l'employeur et la réduction du coût de la grève pour les salariés.

De ce point de vue, ce type de grève paraît bien adapté à de nombreux conflits sociaux puisque le nombre des personnes impliquées activement n'est généralement pas trop grand. D'ailleurs, l'auteur souligne que contrôler les points stratégiques d'un établissement ou d'une entreprise est un gage de succès dans une grève :

> *« Elle est l'extension d'une pratique fréquente dans toute l'histoire du travail : parce que la grève unanime est rare et difficile à obtenir, la principale condition de succès d'une grève a souvent été, elle est souvent encore, l'arrêt de travail d'un petit groupe stratégique : conducteurs de locomotive ou des métro, professionnels hautement qualifiés de l'entretien, lamineurs » (Reynaud, 1982 : 14).*

Lorsque le syndicat ne dispose pas d'énormes ressources financières pour soutenir les grévistes, cela devient un choix raisonnable. En effet, comme on le verra un peu plus loin, la grève est aussi caractérisée par une suspension du contrat de travail ; l'employeur n'est donc pas tenu de rémunérer le temps non-ouvré pour cause de grève. Or en procédant de la sorte, c'est-à-dire avec la grève-bouchon, le travailleur conserve son salaire tout en réduisant la production pour exercer des pressions sur l'employeur et l'amener à satisfaire leurs revendications. La grève-bouchon est également connue sous le nom de grève thrombose ;

3. ***La grève d'avertissement***

   Il s'agit d'un arrêt de travail relativement court pour exercer une pression sur l'employeur et le forcer à la négociation, à respecter un engagement pris et non satisfait par celui-ci ou encore à réparer des injustices ou un tort causé aux syndicats et/ou aux travailleurs ;

4. ***La grève-surprise***

   C'est un arrêt de travail sans observer la procédure de dépôt des préavis de grève. Ce type de grève est mené à l'initiative des leaders syndicaux ;

5. ***La grève sauvage***

   Elle est *mutatis mutandis* identique à la grève-surprise, car elle est organisée de façon spontanée, sans dépôt du préavis de grève, mais elle est menée, cette fois, par les travailleurs ou les militants de base en dehors de l'approbation et/ou de l'accord de leurs leaders syndicaux ;

6. ***La grève perlée***

   Elle est caractérisée par de brefs arrêts de travail ; ils sont ponctuels et répétés dans le but de ralentir la production sans pour autant arrêter le travail. À côté de la grève-bouchon, elle se manifeste également lorsque le syndicat ne dispose pas de ressources suffisantes pour soutenir les grévistes ;

7. ***La grève tournante***

   C'est une grève menée tour à tour dans les différents compartiments de l'entreprise, affectant ainsi de façon successive les unités, les ateliers et les établissements de l'entreprise. Elle correspond mieux aux grandes entreprises ou aux entreprises avec des établissements spécialisés dans un domaine spécifique de la production. Elle peut être horizontale ou verticale (Javilier, 1981).

Elle est horizontale lorsqu'elle se fait par catégorie professionnelle et verticale lorsqu'elle est menée par secteur d'activité ou par service. Dans une entreprise comme Airbus, les différentes parties des avions sont fabriquées dans différents établissements répartis en Europe : considérons que les réacteurs sont montés en Grande-Bretagne, les ailes en Allemagne, etc. Le tout est assemblé à Toulouse, en France. Si tour à tour, les travailleurs en Allemagne, en Grande-Bretagne et en France, cessent la production, il est bien évident que ceux de Toulouse, en France, ne pourront pas assembler les avions. C'est un cas de grève tournante ;

8. ***La grève du zèle***

Elle a pour but, sans arrêter le travail, de réduire ou bloquer la production ou un système. Elle est menée en appliquant strictement les règles et consignes qui, d'ordinaire, ne sont que peu ou partiellement respectées. C'est une arme efficace pour ceux qui sont chargés d'appliquer ou faire appliquer des consignes et/ou des instructions tout en sachant qu'en agissant ainsi, c'est-à-dire en appliquant strictement les règles, on parvient à bloquer la production ou le système.

De ce point de vue, elle convient mieux aux travailleurs dont les fonctions et rôles consistent justement à faire appliquer des règles. Il s'agit notamment des policiers, des douaniers, des agents de sécurité, etc. Cependant, comme le souligne Reynaud (1982), elle gêne plus les clients que l'employeur. Elle peut, de ce fait, retourner l'opinion contre les initiateurs de la grève, alors que ce n'est pas toujours le but recherché lors d'un conflit social ;

9. ***La grève sur le tas***

C'est une grève qui se fait avec l'occupation des lieux, c'est-à-dire sur leur lieu de travail, pendant leurs heures de travail ; il s'agit, en fait, d'un sit-in accompagnant la grève ;

10. ***La grève des bras croisés***

Dans ce type de grève, il y a un arrêt de travail, mais les grévistes sont présents à leurs postes ;

11. ***La grève de solidarité***

Elle est menée en soutien à un syndicat ou à des travailleurs en grève sans que l'on ne soit directement concerné par le problème. Dans une certaine mesure, elle peut être considérée comme une grève d'avertissement, car il s'agit de montrer à son l'employeur ce que l'on pense d'une situation ; en conséquence, si le même problème venait à se poser dans notre entreprise, voilà comment nous réagirions. Elle procède donc plus d'une stratégie que d'une satisfaction à court terme de revendications ;

12. ***La grève politique***

Il s'agit d'une grève menée par un syndicat en soutien à une organisation politique dans sa dynamique de conquête ou de conservation de pouvoir. Elle n'a pas pour but de satisfaire, dans l'immédiat, les revendications des travailleurs.

Ici également, il s'agit plus d'une stratégie que d'une satisfaction immédiate des revendications des travailleurs. Deux cas de figure peuvent se présenter :

lorsque l'organisation politique est dans la phase de conquête du pouvoir, il s'agit de lui apporter un soutien qu'elle retournera une fois le pouvoir conquis. Lorsque ce parti est au pouvoir, il est question de l'aider à le conserver, car le syndicat juge que c'est ce parti qui est à même de satisfaire ses revendications. La grève politique est beaucoup plus idéologique que corporatiste ;

***13. La grève mixte***

Elle comporte un volet corporatiste et un volet politique. En d'autres termes, il y a action politique à laquelle s'ajoutent des revendications d'ordre professionnel ;

***14. La grève générale***

L'ensemble des travailleurs entrent en grève. Le but immédiat n'est pas d'améliorer les conditions de vie et de travail des salariés. D'inspiration marxiste, elle vise à changer de formation économique et sociale, c'est-à-dire l'infrastructure et la superstructure. Autrement dit, il s'agit de déconstruire le mode de production dominant, en l'occurrence le capitalisme et le remplacer par un autre : le socialisme scientifique bien entendu, en passant par le communisme qui est un stade de transition.

Il ne faut pas confondre cette grève avec la grève généralisée qui peut regrouper l'ensemble des travailleurs, mais dont le but n'est pas de changer le mode de production dominant. La grève généralisée appelle à des réformes, à des améliorations des conditions de vie et de travail des salariés sans pour autant exiger le remplacement du capitalisme par un autre mode de production. Selon Harnnecker (1992), il s'agit d'une grève purement économique.

***15. La grève indicative***

Ici, les travailleurs sont présents à leur poste ; ils exécutent les tâches tout en affichant des signes ostentatoires en guise de protestation. Il s'agit de bandeaux rouges en général.

***16. La grève d'autosatisfaction***

Comme son nom l'indique, cette forme de grève consiste, pour les travailleurs, à cesser le travail pour satisfaire une ou plusieurs revendications par eux-mêmes sans attendre l'employeur et/ou les autorités compétentes. Selon Miné et Marchand (2016 : 720), elle « *...consiste à exécuter son contrat de travail dans des conditions revendiquées autres que celles prévues au contrat...* ». Des salariés qui veulent, par exemple, arrêter de travailler au-delà des horaires règlementaires, peuvent décider de faire la grève et arrêter de travailler pendant ces heures qu'ils dénoncent. Considérons un employeur X qui exige que ses salariés fassent trois heures supplémentaires, cependant que la loi fixe à une heure la quantité d'heures supplémentaires journalière. La grève portera donc sur les deux heures ajoutées par l'employeur.

***17. La grève populaire***

Il existe un autre type de grève qu'il semble impossible de classer parmi celles citées plus haut. Elle consiste, pour les travailleurs, à être à leur poste, à réaliser leurs tâches ou leurs activités tout en posant des actes pour les vider de leurs contenus. Il peut s'agir, à titre illustratif, de caissières d'un supermarché qui enregistrent les achats des clients sans encaisser les montants correspondants ; des caissières des pharmacies des hôpitaux peuvent procéder de la même façon pour atteindre les mêmes buts ; il en va de même pour des chauffeurs de bus qui laisseraient les usagers effectuer un trajet sans payer comme cela a eu lieu au Portugal (Wikihow, 2019).

Naturellement, ce type de grève fait penser au sabotage consistant à détruire l'appareil de production ou le produit fini qui était en usage au début de l'ère industrielle (Brau, 1978). Mais il ne s'agit pas de cela, car l'appareil productif ainsi que la production sont intacts ici.

Aussi, l'on tente de l'assimiler à une grève de zèle. Mais, elle ne correspond pas à notre définition donnée plus haut en ce qui concerne ce type de grève, car ne pas percevoir de l'argent pour un service fourni, n'est pas une application stricte des règles. Au contraire, c'est un manquement à ses obligations.

Le succès d'une telle grève réside dans le nombre important de travailleurs impliqués, rendant ainsi difficile voire impossible toute sanction ou tout licenciement à l'encontre des grévistes. Ce n'est pas non plus une grève indicative, car dans ce type de grève, les activités sont exécutées correctement. Ce qui n'est pas le cas ici.

En principe, trois éléments permettent de caractériser une grève :

1) attirer, individuellement ou collectivement, l'attention de l'employeur, du Gouvernement, des partenaires et de l'opinion sur le vécu des travailleurs dans une entreprise ou un service ;
2) créer un manque à gagner au niveau de l'employeur et le contraindre ainsi à négocier et/ou à satisfaire les exigences des salariés ;

3) priver ou réduire la fourniture de biens ou de services au niveau des consommateurs et/ou des bénéficiaires pour attirer leur attention sur les conditions de travail des salariés.

Cette nouvelle forme de grève est atypique dans la mesure où le troisième critère est absent. En effet, les consommateurs et/ou des bénéficiaires ne sont aucunement privés de biens ou de services au cours de la grève ; au contraire ils en bénéficient gratuitement. Faut-il de ce fait considérer qu'il ne s'agit pas d'une grève ? Assurément non, car il y a bel et bien arrêt collectif de travail pour protester contre une situation, ce qui est l'élément le plus déterminant dans une grève.

Un autre point important qui doit être mis au jour concernant cette grève, est la situation du consommateur et/ou du bénéficiaire. D'ordinaire, c'est-à-dire dans les autres formes de grève, il est considéré comme un acteur passif. Son action se limite à l'approbation ou à la désapprobation qu'il peut manifester à l'occasion de la grève. Même s'il participe à un piquet de grève ou à une marche à l'occasion de la grève, son action n'est pour autant pas aussi déterminante pour le succès du débrayage.

Mais dans ce cas-ci, il est un participant et contribue même au succès de la grève en jouant volontairement ou involontairement le jeu des grévistes. Il est, de ce point de vue, actif et non passif.

C'est en tenant compte de ce dernier point que nous l'appellerons grève populaire en raison surtout de l'implication active du consommateur et/ou du bénéficiaire.

## 3. QUELQUES CONSIDÉRATIONS SUR LA GRÈVE EN CÔTE D'IVOIRE

En Côte d'Ivoire, la grève est un droit reconnu aux travailleurs comme le stipule l'article 82.2 du Code du Travail : « *Les salariés ont le droit de se mettre en grève* ». Ce même article donne la définition de la grève : « *La grève est un arrêt concerté et collectif du travail décidé par les salariés pour faire aboutir des revendications professionnelles* ». Que ce soit d'un point de vue juridique ou sociologique, cette définition a plusieurs implications.

### 3.1. Une action concertée et collective

Si l'on se réfère aux différents types de grèves énumérés ci-dessus, cette définition en autorise certaines et en exclut d'autres. En effet, c'est un « ... *arrêt de travail* » : il s'entend qu'une grève ne doit pas désorganiser la production. Les travailleurs doivent simplement arrêter de travailler. En effet, désorganiser le travail peut coûter plus cher à l'employeur qu'un arrêt de travail. Pourtant, dans les différents types de grèves mentionnés plus haut, certains ont, justement, pour but de désorganiser la production.

Selon la définition donnée par le législateur ivoirien à la grève, certaines formes sont proscrites. C'est le cas de la grève perlée, car il n'y a pas de réel arrêt de travail. De même, la grève du zèle est concernée, car il n'y a pas d'arrêt de travail. Les grévistes travaillent en appliquant plus que d'ordinaire les règles.

En outre, la définition note que l'arrêt de travail doit être « *concerté* » ; mais la législation ivoirienne reste muette sur les modalités de la concertation. L'appréciation est donc laissée aux syndicats en fonction de leurs textes. On imagine donc que s'il doit avoir concertation, c'est bien entre les leaders syndicaux et leurs membres. La notion de concertation exclut donc la grève sauvage menée de façon spontanée, sans dépôt de préavis de grève et à l'initiative des militants de base. Ces derniers ne sont donc pas autorisés à outrepasser leurs leaders pour prendre les choses en main. En effet, il arrive que des salariés jugent leurs responsables timides face à une situation et/ou timorés face à l'employeur et qu'ils veuillent régler la question eux-mêmes ; cette notion de concertation le leur interdit.

Aussi, dans une entreprise où il n'existe pas de syndicat, les travailleurs mécontents ne peuvent pas recourir à la grève. Même s'ils se sont concertés, les leaders syndicaux disposent du monopole du dépôt de préavis de grève :

> « *Toute grève doit être précédée d'un préavis permettant la négociation entre les parties. Le préavis de grève est déposé par les représentants des salariés, auprès de la direction de l'entreprise, de l'établissement et le cas échéant, auprès des unions patronales de la branche d'activité* » *(Code du travail, Article 82.5).*

Il en est de même dans la Fonction Publique. En effet, l'article 5 de la loi N° 92-571 du 11 septembre 1992, relative aux modalités de la grève dans les services publics stipule :

> « *Le préavis est donné par l'organisation ou les organisations syndicales régulièrement constituées conformément aux dispositions légales en vigueur dans la catégorie professionnelle ou dans l'entreprise, l'organisme ou le service intéressé* ».

Il est bien logique que si les responsables syndicaux n'ont pas pris part à la concertation, il ne leur appartient pas de déposer le préavis de grève, surtout s'il existe une crise de confiance entre eux et leurs militants de base qui prennent une telle initiative (dépôt du préavis de grève).

Dans le même temps, l'article 82.5 ôte aux leaders syndicaux la capacité d'initier une grève sans déposer un préavis de grève. On pourrait supposer que le préavis est le produit d'une concertation avec les participants à la grève. Cela soulève un autre problème posé par la notion de concertation : il s'agit de la capacité et des aptitudes personnelles que nie la définition de la grève. En effet, face à une situation urgente qui ne peut attendre, par exemple, un leader peut demander aux militants, sans concertation préalable, de marquer un arrêt de travail.

Si les salariés arrêtent effectivement le travail, c'est bien parce qu'il existe entre eux et le leader, une relation de confiance réelle ; mais aussi, c'est parce qu'il jouit d'un pouvoir de type charismatique au sens wébérien[5] du terme. En dépit de ses aptitudes et qualités personnelles l'autorisant à anticiper sur une situation en mobilisant ses militants pour une grève, la définition donnée par le législateur ivoirien le contraint à la concertation, sans en donner les modalités. Cette disposition n'est-elle pas faite pour inhiber les potentialités et qualités personnelles des leaders en vue de limiter leur influence sur le groupe ? En outre, cette concertation doit être suivie du dépôt de préavis de grève par les leaders des syndicats régulièrement constitués. Ce qui implique que, la notion de concertation rend la grève-surprise ainsi que la grève

5- Selon Weber (1995) le leader de type charismatique a des qualités personnelles exceptionnelles, un magnétisme personnel, un talent personnel, etc. qui fondent sa domination sur les autres. Il existe entre lui et les autres une relation affectuelle, de type paternel.

sauvage illicites. Elles sont, de ce fait, exclues des types de grèves autorisés par le législateur ivoirien.

La notion « *d'arrêt de travail collectif* » est un autre point important soulevé par la définition de la grève en Côte d'Ivoire. Comme l'a souligné Reynaud (1982), une grève qui fait l'unanimité de tous les travailleurs est rare. S'agit-il de tous les travailleurs d'un même syndicat ou de tous les travailleurs de l'entreprise ? La législation est muette sur cette question.

Que dire alors lorsqu'il y a des salariés qui refusent de participer à la grève ? Mais les piquets de grève sont autorisés par la législation, pourvu qu'ils ne s'accompagnent pas de violence ou d'entraves à la liberté de travail. En outre, ils ne doivent pas servir de moyens de contraintes sur les non-grévistes. On imagine bien que ceux qui tiennent les piquets de grève aient pour rôle de sensibiliser les salariés qui ne participent pas à la grève et qui souhaitent exécuter leur contrat de travail et non utiliser la force pour les amener à y participer.

Le législateur reconnait, de *facto*, qu'il y a des travailleurs qui refusent de s'associer à la grève. D'où vient donc le caractère collectif de l'arrêt de travail, s'il existe des non-grévistes ? Sont-ils dans un autre syndicat ou alors des dissidents au sein de leur syndicat ? S'ils sont dans un autre syndicat, alors l'arrêt de travail ne peut pas être collectif. De même, s'ils sont des dissidents dans leur syndicat, alors le caractère collectif ne s'applique pas. Que dire dans ces conditions ? À moins de réunir tous les travailleurs de son syndicat, des autres syndicats et les travailleurs qui n'appartiennent à aucun syndicat, la grève devient tout simplement illicite avec la notion de collectif.

En plus, le législateur ne dit rien sur un nombre permettant d'apprécier la notion de « *collectif* ». Combien de personnes faut-il pour qu'on parle de collectif ? Dans une démocratie par exemple, un vote peut requérir une majorité relative ou absolue pour qu'on parle de victoire d'un candidat. On dit simplement que tel candidat a remporté les élections à la majorité relative ou absolue. On a au moins une idée du nombre de votants qu'il faut alors pour remporter une élection. Mais dans notre cas, c'est le silence radio sur la question qui peut être mise à l'actif des différentes parties selon leur capacité à faire de la propagande.

Par ailleurs, en combinant les notions de « *collectif et concerté* », il est inadmissible qu'une seule personne fasse une grève en Côte d'Ivoire. En effet, si on admet sous certains rapports qu'elle peut se concerter avec elle-même, il est toutefois impossible qu'elle engage une action collective avec elle-même. Et pourtant, ce cas peut se produire en Côte d'Ivoire comme cela se fait dans bien d'autres pays. De fait, un travailleur peut être, dans son entreprise, le seul membre d'un syndicat départemental, régional ou national. À l'appel de son syndicat, il peut entrer en grève. Et pourtant, il ne s'est concerté avec personne dans son entreprise ; et son acte est loin d'être une action collective, car il est seul. Ces notions de « *collectif et concerté* » méritent donc d'être clarifiées par le législateur ou les juges pour une meilleure compréhension et une pratique adéquate de la grève qui est, aujourd'hui, un droit inaliénable du travailleur.

### 3.2. La grève : une conséquence de l'échec de la négociation

L'autre élément essentiel qu'il convient de soulever dans la définition est la position de la grève dans le processus de la gestion des conflits. Selon la définition, le but de la grève est de « ... *faire aboutir des revendications* ». Comment cela peut-il se faire concrètement ? Trois cas de figure sont possibles :

1. présenter les revendications et aller directement à la grève pour accroître la pression sur l'employeur ;
2. présenter les revendications et aller aux négociations ; ne faire la grève qu'en cas d'échec des négociations ;
3. présenter les revendications, aller aux négociations et faire la grève en même temps pour accroître la pression sur l'employeur.

Le législateur choisit le deuxième cas, c'est-à-dire que la grève résulte de l'échec des négociations : « *Toute grève doit être précédée d'un préavis permettant la négociation entre les parties* » (Code du travail, Article 82.5). Et l'article 82.18 du même Code d'ajouter :

> « *Sont interdites toutes grèves avant épuisement de la procédure de conciliation et du délai de six jours ouvrables suivant la notification aux parties du procès-verbal de non-conciliation, avant épuisement de la procédure d'arbitrage section 3 et 5 ou en violation des dispositions d'un accord de conciliation, d'une sentence arbitrale ou d'une recommandation ayant acquis force exécutoire* ».

Comme on peut le constater, « *faire aboutir* » signifie que les travailleurs ne sont autorisés à utiliser la grève comme moyen de pression que lorsque les négociations ont échoué. Ce qui exclut, comme nous l'avons mentionné plus haut, la grève-surprise et la grève sauvage. Il convient de rappeler que les négociations doivent précéder la grève, faute de quoi elle devient illicite.

### 3.3. Le but de la grève

Le dernier point abordé par la définition est l'objectif à atteindre : « ... *faire aboutir des revendications profession-*

*nelles* ». Ce qui veut dire que les revendications doivent uniquement concerner les relations liées à la production. Est donc interdite toute chose n'ayant aucun rapport avec celle-ci. Et pourtant, aujourd'hui, que ce soit d'un point de vue empirique ou scientifique, il est admis que tous les problèmes des travailleurs n'ont pas nécessairement leur solution en entreprise. Le cas de la Compagnie Abidjanaise de Réparation Navale (CARENA) en Côte d'Ivoire est un exemple illustratif de ce fait[6].

En outre, cette formulation exclut les types de grèves pour lesquels les intérêts des travailleurs ne sont pas immédiatement en jeu. Il s'agit de la grève de Solidarité, de la grève politique et de la grève générale. Pourtant aujourd'hui, l'heure n'est plus au confinement en entreprise, mais plutôt à l'ouverture sur d'autres organisations et la société. En effet, les défis auxquels sont confrontés les syndicats sont énormes et dépassent de loin, du fait des effets pervers de la mondialisation et des politiques néolibérales inadaptées (Stiglitz, 2012 ; Donneur, 2014), le cadre de l'entreprise.

Dans le même temps, on constate un peu partout dans le monde un affaiblissement du syndicalisme en tant qu'outil de défense des travailleurs (Moreau et Trudeau, 1998 ;

---

6- La CARENA est une entreprise de construction et de réparation navale située dans le port d'Abidjan. Et pourtant, elle est enregistrée comme une entreprise industrielle : et les travailleurs sont payés suivant ce barème. Mais dans les faits, la construction et la réparation navale ne sont pas enregistrées dans la convention collective interprofessionnelle de 1977. Et ce n'est pas une donne que l'entreprise peut, à elle seule, changer. Or, les travailleurs voulaient justement ce changement des barèmes ; ce qui aurait impacté positivement leur salaire. Cette ambiguïté dans le statut de la CARENA a conduit à l'une des plus longues grèves dans le secteur privé en Côte d'Ivoire. La solution définitive ne dépendait donc pas de l'employeur, même s'il avait souhaité le résoudre comme les travailleurs le voulaient. Ce conflit est suffisamment documenté dans l'ouvrage *Le syndicalisme en Afrique subsaharienne : l'expérience la Côte d'Ivoire.*

Chaykowsky et Giles, 1998 ; Pernot, 2006 ; Appiah, 2013).

Au cœur des approches visant à revitaliser les syndicats se trouve justement la solidarité. À ce sujet, Bronfenbrenner (2006) propose, en ce qui concerne le contexte canadien, mais qui est tout à fait transposable dans de nombreux pays, dont la Côte d'Ivoire, une approche d'organisation permettant aux syndicats de faire face aux politiques néolibérales et au nouveau contexte imposé par la mondialisation : il s'agit de la stratégie compréhensive. Élaborée en dix points, cette méthode a pour avantage d'éduquer les travailleurs, de les mobiliser et de les impliquer davantage dans l'action collective.

En plus, elle a le mérite de transposer le conflit social hors de l'entreprise, notamment par l'implication des communautés au niveau local et à une échelle plus large, c'est-à-dire au niveau national et même international. Pour donner assez de chance de succès à ces actions, Camfield (2007) suggère qu'elles prennent la forme de mouvements sociaux qui impliquent des syndicats, des Organisation Non Gouvernementales (ONG), des organisations communautaires de base, etc., regroupés au sein d'organisations formelles, structurées, capables de formuler et proposer des alternatives.

Aussi la solidarité est-elle une dimension importante pour les organisations syndicales en raison de la vague néolibérale (austérité) qui déferle partout dans le monde (Gobin et Collombat, 2015). De plus, les thèmes abordés dans ces nouvelles formes de lutte, si elles ne visent pas directement la conquête ou la conservation du pouvoir, donnent une connotation politique aux actions des travailleurs.

Ceci peut facilement faire le lit de certaines organisations politiques qui tenteraient d'assimiler les grèves ou les actions de solidarité syndicale à des activités politiques. Mais, le législateur ivoirien prohibe ces types de protestation, c'est-à-dire la grève de solidarité, la grève politique et la grève mixte.

De ce qui précède, il convient de noter qu'au regard de la définition de la grève à l'article 82.2 du Code du Travail, certaines formes de grève sont licites, tandis que d'autres sont illicites. Il en est de même quant à certaines dispositions légales au niveau de la Fonction Publique. L'article 6 de la loi 92-571 du 11 septembre 1992, relative aux modalités de la grève dans les services publics stipule :

> *« ... l'heure de cessation et celle de reprise du travail ne peuvent être différentes pour les diverses catégories professionnelles et pour les divers membres du personnel intéressé. Sont interdits, les arrêts de travail par échelonnement successif ou par roulement concerté ».*

Cette disposition traduit clairement que la grève tournante est illicite. En effet, un arrêt de travail qui voit successivement les différents groupes ou catégories faire la grève, à tour de rôle, est assimilable à la grève tournante proscrite par le texte ci-dessus mentionné.

Cette même loi aborde en son article 9 la notion de service mal fait : « *Le service est mal fait lorsque l'agent s'abstient d'effectuer tout ou partie de ses heures de service où n'exécute pas tout ou partie des obligations de service qui s'attache à sa fonction* ». De fait, cet article rend plusieurs grèves illicites. Il s'agit notamment de la grève perlée, la grève tournante, la grève des bras croisés et la grève populaire. En l'absence d'une définition de la grève dans les textes régissant la Fonction Publique, on peut considérer que celle contenue dans le Code du Travail reste valable. Dès lors, ce qui est vrai pour le privé, l'est également pour le public. Le tableau ci-dessous récapitule les grèves autorisées ou non selon le privé ou le public à la lecture des textes législatifs ivoiriens :

**Tableau 1 : Récapitulatif des différentes formes de grève selon qu'elles sont autorisées ou non**

| | Type de grève | Secteur privé | | Fonction publique | | Motif de l'illicéité |
|---|---|---|---|---|---|---|
| | | Licite | Illicite | Licite | Illicite | |
| 1 | La forme élémentaire traditionnelle | X | | X | | |
| 2 | La grève-bouchon | X | | X | | |
| 3 | La grève d'avertissement | X | | X | | |
| 4 | La grève-surprise | | X | | X | Pas de dépôt de préavis de grève |
| 5 | La grève sauvage | | X | | X | Pas de dépôt de préavis de grève<br>N'est pas initié par les leaders syndicaux |
| 6 | La grève perlée | | X | | X | Pas d'arrêt de travail en tant que tel |
| 7 | La grève tournante | X | | | X | Les heures de grève doivent être identiques pour toutes les catégories professionnelles |
| 8 | La grève du zèle | | X | | X | Pas d'arrêt de travail |
| 9 | La grève sur le tas | X | | | | |
| 10 | La grève des bras croisés | | X | | X | Considéré comme service mal fait dans la Fonction Publique et même dans le secteur privé |

| | | | | | | |
|---|---|---|---|---|---|---|
| 11 | La grève de solidarité | | X | | X | Les revendications, même si elles sont professionnelles, ne concernent pas toujours immédiatement les travailleurs à l'initiative de la grève |
| 12 | La grève politique | | X | | X | Les revendications ne sont pas toujours professionnelles, même si c'est le but dans un avenir plus ou moins proche |
| 13 | La grève mixte | | X | s | X | Comporte un volet politique et donc une partie des revendications n'est pas toujours professionnelle, même si c'est le but dans un avenir plus ou moins proche |
| 14 | La grève générale | | X | | X | Elle est proche de la grève politique. Même si les revendications formulées sont économiques, le but manifeste est tout autre |
| 15 | La grève indicative | X | | X | | |
| 16 | La grève d'autosatisfaction | - | - | - | - | Peut-être licite dans la Fonction Publique et même dans le secteur privé lorsque l'employeur a enfreint la législation ;<br>Peut-être illicite dans la Fonction Publique et même dans le secteur privé lorsque l'employeur a respecté la législation. |
| 17 | La grève populaire | | X | | X | Considéré comme service mal fait dans la Fonction Publique et même dans le secteur privé |

Source : Analyse de l'auteur

De ce qui précède, on retiendra que la définition de la grève fournie par le Code du Travail ainsi que les dispositions de la loi 92-571 du 11 septembre 1992, relative aux modalités de la grève dans les services publics rendent illicites certaines formes de grève, notamment la grève-surprise, la grève sauvage, la grève perlée, la grève tournante, la grève sur le tas, la grève des bras croisés, la grève du zèle, la grève de solidarité, la grève politique, la grève mixte et la grève populaire.

Mais en toute rigueur, en tenant compte du flou entretenu par la notion de « collectif », toutes les formes de grève devraient être illicites, car même pour celles qui sont licites, il n'est toujours pas évident d'avoir l'unanimité, non seulement au sein d'un même syndicat, mais aussi entre plusieurs syndicats d'une même entreprise.

Dans tous les cas de figure, une grève est toujours un rapport de force : « *La grève est l'expression d'un rapport de forces qui vise à faire aboutir des revendications auprès d'un employeur et il est donc très difficile de le canaliser juridiquement* » (Dollo et al., 2017 : 255). On passe souvent sous silence le caractère licite ou illicite dès lors que ce rapport de force est à l'avantage des travailleurs (Garelo, Lemennicier et Lepage, 1990). Dans ces conditions, ils peuvent même aller jusqu'à exiger et obtenir le payement des jours non ouvrés.

### 3.4. Qui peut faire la grève ?

Toujours en ce qui concerne la définition de la grève donnée par le législateur à l'article 82.2 du Code du Travail, un point suscite des interrogations. En effet, une modification a été apportée à cette disposition qui semble cependant avoir de grandes implications. L'article 82.2 de la loi N°95-15 du 12 janvier 1995 portant Code du Travail donne la définition suivante de la grève : « *Tous les salariés ont le droit de se mettre en grève. La grève est un arrêt concerté et collectif de travail décidé par les salariés pour faire aboutir des revendications professionnelles* ». Mais la nouvelle loi, en l'occurrence le décret N°2015-532 du 20 juillet 2015 portant Code du travail, donne cette définition en son article 82.2 : « *Les salariés ont le droit de se mettre en grève. La grève est un arrêt concerté et collectif de travail décidé par les salariés pour faire aboutir des revendications professionnelles* ».

Comme on peut le constater, l'adjectif indéfini « tous » est éludé dans la loi de 2015. Est-ce à dire qu'une catégorie particulière de personnes n'a pas droit à la grève ? Alors que le droit de grève est reconnu à tous, tant sur le plan international que national. Ainsi, pourquoi le législateur ivoirien prend-il le soin d'éluder cet adjectif indéfini qui consacre la reconnaissance de ce droit aux travailleurs de façon inclusive ?

Il est possible de conjecturer qu'il s'agit de répondre à une préoccupation soulevée par la grève. En réalité, c'est un service jugé vital aussi bien pour les populations que pour la Nation ; la fourniture de certains services et biens essentiels ne doit, en aucun cas, être arrêtée, même en cas de grève. Autrement dit, il s'agit d'assurer ce que le législateur appelle le service minimum. À ce sujet, l'article 82.2 du Code du Travail de 2015 stipule :

> *« En cas de grève, un service minimum doit être assuré. Ce service minimum n'est possible que dans les cas suivants :*
>
> - *dans les services dont l'interruption risquerait de mettre en danger la vie, la sécurité ou la santé de la personne, dans une partie ou dans l'ensemble de la population ;*
> - *dans les services qui ne sont pas essentiels au sens strict du terme, mais où les grèves d'une certaine ampleur et durée pourraient provoquer une crise nationale aigüe*

*menaçant les conditions normales d'existence de la population ;*

- *dans les services où l'entretien des machines devra être assuré pour éviter leur détérioration consécutive à un arrêt total ».*

Eu égard à ce qui précède, on peut donc déduire que tous les travailleurs ont droit à la grève. Cependant, les syndicats ou les travailleurs dont les services et/compétences sont jugés d'une certaine utilité pour la vie, la santé et la sécurité des populations, par exemple, doivent se priver d'une partie de leurs militants et/ou collègues à l'occasion d'une grève. Il en va de même en ce qui concerne ceux dont la cessation de travail peut conduire à une crise nationale, ou ceux travaillant sur des machines nécessitant un entretien continu. Cette disposition n'est pas suffisamment explicite pour que l'on sache réellement qui a droit ou qui n'a pas droit à la grève. Elle nous dit seulement que le droit de grève est intégralement réservé à une catégorie de personnes. Dans ces conditions, il est limité pour ceux dont la cessation d'activités peut s'avérer préjudiciable tant pour les populations que pour la Nation.

Mais dans la Fonction Publique, les choses sont on ne peut plus explicites. En effet, l'article 1 de la Loi N°95-690 du 11 septembre 1995 portant modalités particulières d'exécution du service minimum en cas de grève dans les services publics, donne la liste des secteurs pour lesquels un service minimum est obligatoire en cas de grève. Ce sont : les transports, le transit, les communications, la santé, le Trésor, les impôts, les Douanes, la Solde, l'Énergie, l'Eau, le ramassage des ordures et les pompes funèbres. Les articles 3 à 30 donnent des détails sur les secteurs, les services, les personnes et les effectifs requis devant assurer un service minimum en cas de grève. Le tableau ci-dessous fournit quelques informations à ce sujet :

**Tableau 2: Récapitulatif du service minimum selon les secteurs d'activités dans la Fonction Publique**

| Secteur | Activités | Acteurs, structures ou services concernés | Services requis |
|---|---|---|---|
| Transports | Transports urbains | Les administrations | 40% du trafic normal |
| | | Les hôpitaux | |
| | | L'université et les écoles | |
| | | L'industrie et le commerce | |
| | | Les marchés | |
| | Navigation et sécurité aérienne, | L'AGENCE Nationale de l'Aviation Civile et de La Météorologie (ANAM) | • Le personnel de l'ANAM employé à certaines tâches spécifiques ;<br>• Le personnel de la représentation ivoirienne de l'ASECNA employé à certaines tâches spécifiques. |
| | | L'AGENCE pour la Sécurité de la Navigation Aérienne (ASECNA) | |
| | Transport ferroviaire | Exploitation d'un train voyageur rapide | • Un chef de gare ;<br>• un guichetier ;<br>• un aiguilleur ;<br>• le tiers des effectifs administratifs, techniques et commerciaux. |
| | | Exploitation d'un train de marchandises et transport de restes mortels | |
| | Transport maritime | Le Port Autonome d'Abidjan | • Les opérations maritimes et la sécurité ;<br>• Les études techniques et les travaux ;<br>• La logistique et les terminaux à conteneurs ;<br>• Les services d'aide à la navigation. |
| | | Le Port Autonome de San-Pedro | |
| | | Les auxiliaires de transports | |
| | | Les aviateurs maritimes | |

| | | | |
|---|---|---|---|
| Communications | Les télécommunications | La relève des dérangements des abonnés officiels et assimilés et celle des abonnés assurant un service de sécurité et d'assistance d'urgence | |
| | | Brigades opérationnelles | • La caisse ;<br>• L'exploitation des cabines ;<br>• L'accès au réseau national et international pour les appels présentant un caractère d'urgence ;<br>• Le trafic téléphonique officiel et le trafic télégraphique ; |
| | La radiodiffusion et la télévision | La radiodiffusion | • La diffusion de bulletins horaires d'informations d'une durée de deux minutes au moins ;<br>• la diffusion de plages musicales ; |
| | | La télévision, | • la diffusion de programmes musicaux ;<br>• la diffusion de deux bulletins quotidiens d'information de cinq minutes au moins, chacun. |
| Santé | Les établissements publics sanitaires et sociaux | Service médical d'urgence en ce qui concerne les hôpitaux | • l'assistance médicale pour les personnes hospitalisées ;<br>• L'assistance médicale pour les cas d'urgence.<br>***Dispositif habituel en vigueur pendant les jours fériés*** |

| | | | |
|---|---|---|---|
| Les postes et l'épargne | Les postes | Les bureaux de postes | Affranchissement du courrier, émission et paiement des mandats |
| | L'épargne | Les centres financiers | Versement et retrait pour les Comptes Chèques Postaux et Caisse Nationale pour l'Épargne |
| | Les tris postaux | Les services de tris postaux | Réception et validation des dépêches |
| Trésor, Douanes, Impôts, Solde et Office Centrale de la Mécanographie | Trésor, Douanes, Impôts | Services des régies financières | • 50 % en ce qui concerne les agents valideurs du Trésor ;<br>• 50% du personnel informatique du Trésor ;<br>• 1/3 pour les autres catégories de personnel |
| | Soldes | Services de la Solde | 1/3 du personnel |
| | Office Centrale de la Mécanographie | Services de l'Office Centrale de la Mécanographie | 1/3 du personnel |
| Électricité | Électricité | • Les hôpitaux<br>• Cliniques<br>• Laboratoires ou tout autre établissement dont une perturbation notable de l'activité, pour défaut d'énergie électrique, mettrait gravement en danger la vie humaine<br>• Les installations de signalisation et d'éclairage de la voie publique indispensables à la sécurité des usagers<br>• Les installations industrielles, | • 60 % du service rendu en temps normal ;<br>• 50 % dans la période allant du mois de décembre au mois de juin |

| | | | |
|---|---|---|---|
| Eau | Production et distribution de l'eau | • Les hôpitaux<br>• Cliniques<br>• Laboratoires ou tout autre établissement dont une perturbation notable de l'activité, pour défaut d'alimentation en eau, mettrait gravement en danger la vie humaine<br>• Les poteaux et bouches d'incendie indispensables à la sécurité des biens et des personnes<br>• Les installations industrielles, | Au moins égal à 60 % du service rendu en temps normal |
| Ramassage des ordures | Ramassage des ordures | Les hôpitaux (prioritaires) | Au moins égal à 50 % du service rendu en temps normal |
| | | Cliniques (prioritaire) | |
| | | Les industries (prioritaires) | |
| | | Les autres usagers | |
| Pompes funèbres | Pompes funèbres | Le traitement et la conservation des corps | Fixé par le règlement intérieur des établissements concernés |
| | | L'enlèvement et le transfert des corps | |

Source : République de Côte d'Ivoire, Loi N°95–690 du 11 septembre 1995, portant modalités particulières d'exécution du service minimum en cas de grève dans les services publics.

Selon les données consignées dans le tableau ci-dessus, il est possible de conclure, sans risque de se tromper, que tous les travailleurs n'ont pas droit à la grève. En effet, avec l'obligation d'assurer le service minimum lors de la grève, les syndicats sont dans l'obligation de la mener avec une partie de leurs militants : le reste devant assurer le service minimum. Dans certains cas, 60% du service normal rendu doit être assuré. Si l'on considère que tout le personnel fournit 100% du travail, alors on peut supposer que 60% du personnel fournit 60% des services rendus, c'est-à-dire qu'il reste 40% de l'effectif pour mener la grève.

Par ailleurs, si l'on tient pour acquis que tous les travailleurs ne sont pas syndiqués, et s'il existe plusieurs syndicats dans le service ou l'entreprise parmi lesquels certains ne sont pas concernés par la grève, alors du fait de l'obligation d'assurer le service minimum, il ne reste pratiquement plus personne pour faire la grève.

Même lorsque la grève est autorisée, elle comporte des obstacles juridiques comme « *le service minimum* ». En tentant de régler des préoccupations d'ordre social (santé, sécurité, accès aux services sociaux, etc.) et politique (intérêt national), le législateur entrave fortement la liberté syndicale et particulièrement le droit à la grève. Dans certaines circonstances, le Préfet dresse la liste des effectifs nécessaires devant assurer le service minimum ; et cela sur proposition des responsables des services concernés. C'est dire qu'un travailleur peut être désigné sans son consentement pour assurer le service minimum, niant ainsi son droit à faire la grève.

En plus du service minimum, il existe dans la législation ivoirienne d'autres entraves à la grève, en l'occurrence le préavis de grève. Ce document doit être déposé exclusivement par les représentants des organisations syndicales (Code du travail, Article 82.5 ; Loi N°92-571 du 11 Septembre 1992, Article 5). Ce qui empêche, comme nous l'avons montré plus haut, les travailleurs non syndiqués de mener une grève. Ils sont, de ce fait, contraints à adhérer à un syndicat pour pouvoir exercer leur droit de grève, ce qui est contraire à la liberté syndicale et au droit d'association aux termes des Conventions 87 et 98 de l'Organisation Internationale du Travail (OIT).

Aussi les syndicats sont-ils tenus d'attendre six jours ouvrables après le dépôt de préavis, resté sans suite, avant d'engager la grève. Par la même occasion, ils sont dans l'obligation d'entrer en négociation avec l'employeur pendant une durée relativement longue et épuiser toutes les procédures de conciliation, d'arbitrage ou de médiation avant de pouvoir prétendre à une grève (Code du Travail, Article 82.18 ; Décret N°96-208 du 7 mars 1996, Article 11). Il en est, *mutatis mutandis*, de même en ce qui concerne la Fonction Publique (Loi N°92-571 du 11 septembre 1992, relative aux modalités de la grève dans les services publics).

Le lock-out est autorisé dans certaines circonstances (Code du Travail, Article 82.3), notamment lorsqu'il existe un impératif de sécurité. Mais, l'impératif de sécurité n'est pas suffisamment clarifié dans le texte, laissant ainsi à la discrétion de l'employeur la justification de cet impératif. Il peut donc, à sa guise et à tout moment, alléguer que la sécurité de l'entreprise serait menacée, créant alors les conditions de la fermeture de l'entreprise et niant par la même occasion le droit de grève de ses employés.

Pour finir, disons qu'il existe dans la législation ivoirienne l'arbitrage obligatoire. Dans certaines circonstances, la grève peut être interdite au profit d'un arbitrage obligatoire comme le stipule l'article 82. 13 du Code du Travail :

*« Le chef du gouvernement peut, s'il estime que la grève ou le lock-out risque d'être préjudiciables à l'ordre public ou à l'intérêt général, décider de soumettre le différend au comité arbitral composé d'un magistrat et de deux arbitres suivant la procédure, les délais et les effets prévus au présent titre.*
*Cette possibilité est ouverte dans les circonstances suivantes :*

- *si la grève affecte un service dont l'interruption peut mettre en danger tout ou partie de la population, la vie, la santé ou la sécurité des personnes ;*
- *en cas de crise nationale aiguë .*

La grève est un droit constitutionnel reconnu aux travailleurs en Côte d'Ivoire : « *Le droit syndical et le droit de grève sont reconnus aux travailleurs du secteur privé et aux agents de l'Administration publique* » (Loi N°2016-886 portant Constitution de la République de Côte d'Ivoire, Article 17). Il existe, cependant, des entraves à son exercice ; et même des personnes qui ne peuvent pas exercer ce droit du fait de leur position, leur poste ou leurs statuts.

# CHAPITRE 2

# LA NÉGOCIATION EN MILIEU PROFESSIONNEL

Le besoin de négocier est vivace dans toutes les sociétés humaines. L'une des principales fonctions de la négociation, c'est la prévention des conflits. En parvenant à un accord, les parties évitent le conflit. Après une grève ou un lock-out, il est difficile de désigner un vainqueur et un vaincu. Les travailleurs perdent du temps de travail et donc de l'argent. Parfois, ils perdent leur emploi ou sont privés de leur liberté syndicale. Ils peuvent également perdre des avantages que leur accordait l'employeur. De son côté, l'employeur peut perdre des parts de marchés qu'il avait. Les ruptures dans la fourniture des services peuvent modifier le comportement des partenaires ou des consommateurs. L'entreprise peut avoir une mauvaise réputation suite à une grève.

Une des solutions pour éviter de telles situations consiste à négocier. Avant d'aborder la question même de la négociation en milieu professionnel, il convient, tout d'abord, de s'interroger sur ce concept. Pour ce faire, nous nous intéresserons à l'origine de la négociation, en donnerons une définition globale avant d'en cerner les contours lorsqu'elle s'applique à l'entreprise.

## 1. QU'EST-CE QUE LA NÉGOCIATION ?

### 1.1. Une historique de la négociation

Négocier est une activité humaine et elle a lieu dans tous les domaines de la vie en société. À moins de disposer de ressources suffisantes (l'argent, la force, l'autorité, le droit, etc.) pour imposer ses vues et ses positions aux autres, on est toujours amené à négocier avec les autres dans la vie de tous les jours. En politique, on négocie à l'intérieur des partis politiques pour désigner des candidats, adopter une stratégie pour aller aux élections, etc. On négocie aussi des alliances avec d'autres partis politiques en vue de former des coalitions pour des actions communes.

En affaire, on négocie pour constituer un capital et monter une entreprise ; on le fait également pour des acquisitions, des fusions, etc. On négocie également des ententes pour former des entités plus puissantes, notamment des conglomérats, des cartels, etc. On négocie avec le banquier pour avoir un crédit et accroitre sa production. De même, on négocie pour avoir de nouveaux partenaires, pour diversifier les sources d'approvisionnement ainsi que les débouchés.

Dans le ménage, on négocie avec le conjoint sur le type de maison à prendre, le lieu où passer les vacances, le choix de l'école pour les enfants, etc. De même, on négocie la date du mariage, les personnes à inviter, les couleurs à arborer, les lieux des différentes cérémonies, etc. On négocie avec les enfants pour obtenir d'eux un bon comportement et d'excellents résultats en classe (Bilodeau et Sexton, 2013 ).

Même au cours de la guerre où l'objectif premier est d'anéantir l'autre, y compris physiquement, et d'occuper des territoires, on négocie. En effet, on négocie l'application des règles de la guerre en exigeant que les différents acteurs se conforment au Droit International Humanitaire (DIH), utilisent des armes conventionnelles, respectent les droits des prisonniers de guerre et des civils qui ne sont pas parties prenantes au conflit, etc. On négocie également sa victoire ainsi que les conditions de réédition de l'ennemi.

Sans être exhaustif, ce petit détour montre que la négociation est universelle et permanente dans la vie en société (Bilodeau et Sexton, 2013 ; Thuderoz, 2000 ). Elle a lieu dans tous les compartiments de la vie des individus et structure leurs comportements. Elle est omniprésente dans les activités des acteurs individuels ou des groupes, notamment les entreprises, les Nations, les équipes de travail, les communautés, etc.

Selon Goguelin (2005), le terme négociation provient étymologiquement du mot latin « *negotium* » et résulte des mutations sociétales intervenues dans la Rome antique. La société romaine est divisée en trois groupes sociaux, notamment les patriciens qui gèrent et administrent la cité sans pour autant participer à la production ; ils disposent, de ce fait, de temps suffisant pour leurs loisirs. Le second groupe, les plébéiens, est composé d'hommes libres occupés dans la production, tout en étant libres même s'ils n'ont pas encore la citoyenneté romaine. Le dernier groupe qui apparait un peu plus tard est composé d'esclaves issus de nombreuses conquêtes victorieuses de Rome.

L'auteur souligne que l'accroissement du nombre d'esclaves permet d'exonérer les plébéiens de travaux manuels jugés pénibles. Pour autant, ils ne peuvent pas jouir de ce gain de temps comme les praticiens qui se consacrent aux loisirs, car ils sont occupés à de nouvelles tâches. C'est cette situation de semi-liberté et de semi-travail, c'est-à-dire « *cet état de non-loisir* » (Goguelin, 2005 : 151) permettant de s'occuper des affaires qui donnera naissance au mot *negotium* pour caractériser la transformation socio-économique des plébéiens.

Il s'agit donc de concilier des statuts aux fonctions plus ou moins incompatibles : être libre et dispensé de travaux manuels d'une part, et être occupé à travailler, à faire des affaires d'autre part. Mais par la suite, la négation du loisir sera occultée au profit des affaires. C'est ainsi que *Negociato* entrera dans le discours dominant pour désigner le commerce, c'est-à-dire cette situation de *non-oisiveté* représentant un ensemble d'activités en dehors de l'espace familial comme le souligne Stimec (2011).

Mais aujourd'hui, la négociation a beaucoup évolué et s'est insérée dans tous les compartiments et domaines de la société. En effet, elle est assimilée à un ensemble de discussions en vue de parvenir à un accord entre différentes parties. Cette définition donne un aperçu de la négociation, mais en même temps, elle montre que ce terme est polysémique. À quoi renvoie-t-il en sociologie du travail ?

### 1.2. Une sociogenèse de la négociation en entreprise

Des auteurs comme Thuderoz (2000) et Landier (2015) veulent voir la négociation en entreprise comme un prolongement de la démocratie en politique. Ils suggèrent que les travailleurs chercheraient à reproduire des comportements intériorisés à l'occasion de la participation politique à travers les élections des représentants. Cette approche est une vision réductrice de la négociation. Que dire des nombreux pays africains qui sont en conflit avec la démocratie ? L'Afrique est pourtant l'un des continents, semble-t-il, où l'on négocie le plus.

Olivier De Sardant (1997) montre par exemple qu'en Afrique, on négocie à toutes les occasions et sur tout, notamment les règles dans le jeu et même celles structurant le système. Même si la négociation s'apparente à une démarche démocratique, elle va bien au-delà de cette pratique politique.

En fait, la négociation en milieu professionnel est la conséquence d'une conjugaison de deux facteurs au moins : (i) les résultats mitigés des projets de l'Association Internationale du Travail (AIT) (Bensimon, 2014) et des organisations ouvrières préconisant l'anarcho-syndicalisme comme seule alternative viable pour les travailleurs et (ii) le succès de la révolution d'Octobre 1917 en Russie. En ce qui concerne le premier facteur, disons que les organisations ouvrières ne sont pas parvenues à déconstruire structurellement le mode de production capitaliste comme elles l'envisageaient :

> « *Jusqu'en 1923, c'est-à-dire pratiquement jusqu'au IVe congrès de l'Internationale communiste (déc. 1922), une révolution européenne et surtout allemande qui aurait éliminé la démocratie bourgeoise et instauré la dictature du prolétariat, fut attendue avec passion. Puis, il fallut se rendre à l'évidence et admettre que pour une période plus ou moins longue la dictature du prolétariat et la construction du communisme n'étaient possibles qu'en Russie » (De Laubier, 1985 : 131).*

En fait, au début du XXe siècle, plusieurs grèves générales ont eu lieu en Europe, notamment en Belgique, en Suède, en Hollande et en Italie, pour ne citer que celles-là. Elles ont donné des résultats mitigés et n'ont pratiquement pas atteint leurs buts initiaux. Les organisations syndicales doivent, dans ces conditions, admettre désormais une cohabitation, voire une collaboration avec les détenteurs des moyens de production (les employeurs et/ou leurs représentants et les Gouvernements). De ce point de vue, la négociation est, parmi tant d'autres, une alternative plus ou moins crédible pour défendre et/ou améliorer les conditions de vie et de travail de ceux qui vendent leur force de travail.

Le deuxième facteur est lié à la victoire des prolétaires en Russie en 1917. Craignant que l'exemple des travailleurs russes ne se propage dans d'autres pays, les leaders des pays occidentaux vont favoriser l'émergence de la négociation comme mode de gestion des conflits, plutôt que le recours à la violence. C'est dans ce contexte qu'il faut inscrire la naissance de l'OIT (Appiah, 2013). À un niveau plus large, les années 1948 et 1949 voient la reconnaissance des organisations des travailleurs ainsi que de la négociation collective comme moyen privilégié pour surmonter les contradictions avec l'adoption des Conventions 87 et 98 par l'OIT. Les États-parties devront, *mutatis mutandis*, les adapter à leurs contextes nationaux particuliers.

Depuis, même s'il existe des forces de rappel suscitant la tentation de recourir à d'autres moyens, la négociation collective semble s'être imposée, avec des pratiques variables selon les pays, comme une alternative viable de gestion des conflits en entreprise. Mais au cours de ces dernières décennies, le concept de dialogue social est en usage dans le milieu professionnel pour désigner également la négociation. Quel *distinguo* peut-on faire entre négociation collective et dialogue social ?

## 2. LA NÉGOCIATION COLLECTIVE ET LE DIALOGUE SOCIAL

### 2.1. La négociation collective

En droit du travail, on parle de négociation collective pour désigner l'« *Ensemble des discussions entre les représentants des employeurs ou des organisations professionnelles d'une part, et des syndicats représentatifs de salariés d'autre part, en vue de conclure une convention collective.* » (Guinchard et Debard, 2018). Autrement, il s'agit de discussions entre acteurs du monde du travail dont la finalité est la conclusion de conventions collectives.

En outre, l'OIT désigne ces discussions en ces termes :

> *« Aux fins de la présente convention, le terme négociation collective s'applique à toutes les négociations qui ont lieu entre un employeur, un groupe d'employeurs ou une ou plusieurs organisations d'employeurs d'une part, et une ou plusieurs organisations de travailleurs d'autre part, en vue de :*
> *a) fixer les conditions de travail et d'emploi, et/ou*
> *b) régler les relations entre les employeurs et les travailleurs, et/ou*
> *c) régler les relations entre les employeurs ou leurs organisations et une ou plusieurs organisations de travailleurs » (OIT, 1981, Convention 154 : Article 2).*

Cette définition met en lumière les acteurs impliqués dans les discussions (employeurs et travailleurs) ainsi que les questions à y traiter, notamment les conditions de travail et les relations professionnelles.

Du fait de sa connotation juridique, la définition passe sous silence l'environnement de la négociation. En plus, en ce qui concerne la première définition, notamment celle de Guinchard et Debard (2018), le concept de représentativité réduit le champ des négociations. En effet, la représentativité est mesurée par un score obtenu à l'issue d'élections sociales. Et il peut arriver qu'un syndicat, ayant obtenu le score requis, finisse par perdre sa représentativité entre deux élections. Un nouveau syndicat ou un autre qui émerge peut mobiliser les salariés et engager des négociations avec l'employeur quitte à légaliser sa représentativité à la prochaine élection.

Aussi, dans les faits, la négociation n'a pour seul objet que de conclure des conventions collectives. C'est une activité de tous les jours : des représentants des travailleurs peuvent être amenés à négocier pour défendre des mandants, pour obtenir ou maintenir des acquis sociaux, etc. D'ailleurs, « *Elle sert également à produire des règles et à les faire vivre en fonction de la situation des personnes en interaction* » (Mousli, 2003 : 62). C'est pour cette raison que d'autres auteurs tentent de dépasser ce formalisme juridique et mettent en exergue les aspects les moins perceptibles entourant les discussions qui seront abordées plus loin.

### 2.2. Le dialogue social

Le dialogue social, lui, émerge d'abord au niveau institutionnel. Selon Gobin (2007), ce concept est utilisé pour la première fois lors du Conseil de la Communauté Européenne (CCE) en 1984 pour désigner :

> *« ... les procédures appartenant au dispositif institutionnel de l'Union européenne (articles 138 et 139 du Traité) qui associent les «partenaires sociaux » (organisations représentatives socioprofessionnelles syndicales et patronales) à la prise de décision européenne (ces procédures, qui représentent le système actuel de relations industrielles au sein de l'Union, passent par quatre processus distincts : la consultation, la négociation collective, les actions conjointes et la concertation tripartite) » (Gobin, 2007 : 32).*

De cette définition découlent quatre constats :

1. le dialogue social englobe la négociation collective puisque cette dernière fait partie des quatre processus ;
2. les travailleurs et les employeurs sont considérés comme des partenaires, plus spécifiquement des partenaires sociaux ;
3. les travailleurs et les employeurs (confinés par le passé

dans les négociations collectives) seront consultés à travers leurs organisations de représentation respectives ; mèneront avec les acteurs politiques et institutionnels des actions conjointes ;
4. et enfin l'introduction du tripartisme dans les relations professionnelles.

Il y a donc un changement structurel qui intervient lors du passage de la négociation collective au dialogue social. Les travailleurs et les employeurs ne sont plus considérés comme des acteurs passifs qui doivent se contenter d'exécuter la législation sociale généralement formulée par l'État dans certains pays. De même, ils ne devraient plus être contraints de subir les ingérences de l'État au nom de l'intérêt collectif, étant entendu qu'ils sont désormais des « *partenaires* ». En conséquence et par déduction, ils sont invités à participer à la formulation des politiques publiques impactant peu ou prou leurs activités. Ainsi les discussions ne portent-elles plus uniquement sur les conditions de travail et les relations professionnelles.

Cette nouvelle approche (dialogue social) se réfère à la participation de tous les acteurs impliqués dans les relations professionnelles, notamment l'État (régulateur et employeur), les employeurs et les travailleurs à toutes les formes d'interactions visant à transformer le lieu de production en un espace de travail convivial et harmonieux (BIT, 2003). Cette définition exige que les salariés prennent une part active en ce qui concerne les décisions liées aux conditions de travail et à toutes les autres questions se rapportant directement ou indirectement à l'emploi.

Dans cette dynamique, le BIT (2003) met surtout l'accent sur les acteurs. En effet, alors que la négociation collective est bipartite et réunit travailleurs et employeurs, le dialogue social, lui, est tripartite et met autour de la même table l'État, les employeurs et les travailleurs. Selon le BIT, le but du dialogue social est de permettre « ... *aux travailleurs, aux employeurs et au gouvernement de discuter ensemble des politiques publiques, de la législation et d'autres prises de décisions ayant des répercussions sur le lieu de travail ou les intérêts des travailleurs et des employeurs.* » (BIT, 2003 : 5).

Le dialogue social consiste donc à intégrer tous les acteurs dans les sphères de décision. Les salariés ne devraient plus seulement discuter de leurs conditions de vie et de travail ; ils doivent, en revanche, prendre une part à la formulation des lois et des règles régissant leurs conditions de vie et de travail produites d'ordinaire, sauf résistance des salariés, par les employeurs et l'État. On note, donc, un changement tant en ce qui concerne les acteurs que le contenu des discussions. Ces distinctions sont consignées dans le tableau suivant :

**Tableau 3: La distinction entre la négociation collective et le dialogue social**

| | Acteurs participants | Contenu des discussions |
|---|---|---|
| **Négociation collective** | Employeurs et leurs organisations ; Travailleurs et leurs organisations. | Règles et normes structurant les relations professionnelles ; Conditions de vie et de travail des salariés. |
| **Dialogue social** | État et ses structures dédiées ; Employeurs et leurs organisations ; Travailleurs et leurs organisations. | Règles et normes structurant les relations professionnelles ; Conditions de vie et de travail des salariés ; Politique économique et sociale aux différents échelons (entreprise, branche, secteur d'activité et national). |

Source : Analyse de l'auteur

Il convient de noter qu'il est difficile de tracer une frontière étanche entre négociation collective et dialogue social. En effet, il est possible qu'employeurs et travailleurs initient une négociation collective qui exige, par la suite, l'implication de l'État. Ce dernier acteur peut être amené à les réunir autour d'une table et prendre en compte les préoccupations de chaque partie et régler et/ou prévenir des situations similaires ayant conduit aux discussions de départ entre les deux parties. Sur cette base ou à partir des normes et lois produites, employeurs et travailleurs pourront, à nouveau, discuter sur leurs relations professionnelles. Nous passons ainsi de la négociation collective au dialogue social pour revenir à la négociation collective. C'est donc, le lieu de souligner qu'il existe un ensemble d'allées et venues permanentes entre la négociation collective et le dialogue social.

Aujourd'hui, le dialogue social est parfois présenté comme une panacée pour gérer les conflits de travail. C'est ce que suggèrent ces propos de l'OIT : « *Le dialogue social est le meilleur outil du BIT pour promouvoir de meilleures conditions de vie et de travail ainsi qu'une plus grande justice sociale* » (OIT, sans date). Cette perception est également défendue par Landier (2015) qui soutient que c'est l'une des meilleures solutions permettant de promouvoir des performances optimales pour l'entreprise. Dans le cas français, il note que « *L'idée de dialogue social s'inscrit donc dans la continuité d'une tendance visant à substituer la recherche de Solutions négociées aux pratiques fondées sur le recours à la violence* » (Landier, 2015 : 24). Autrement dit, le dialogue social convient mieux à certains types de pays, cependant que d'autres pourraient en être exonérés.

Dans la même dynamique, il laisse entendre ceci :

> *« Le dialogue social » trouve ainsi sa signification dans le contexte spécifiquement français. Il n'en est pas question en Allemagne : en effet, il va de soi, et les conflits n'interviennent*

*que lorsque toutes les ressources de la négociation ont été épuisées » (Landier, 2015 : 24-25).*

En fait, l'analyse de Landier (2015) suggère que le dialogue social n'a de sens que dans les pays, comme en France, où les employeurs, pour des raisons historiques et certainement culturelles, sont guidés par un autoritarisme reléguant toute approche négociée au second plan et où les syndicats sont mus par le « radicalisme révolutionnaire ». C'est donc, le dit-il, un glissement de « ... *l'absolutisme patronal fondé sur le droit de la propriété, de substituer un ordre constitutionnel fondé sur la reconnaissance de la communauté des salariés* » (Landier, 2015 : 25).

Bien que la négociation collective et le dialogue social soient largement répandus dans de nombreux pays, on retiendra, avec Landier (2015), que le second concept convient mieux aux Nations dans lesquelles les négociations entre employeurs et travailleurs sont de nature conflictuelle. Mais combien de pays peuvent-ils se targuer d'avoir un environnement professionnel dans lequel les acteurs recourent systématiquement à des discussions et les épuisent entièrement avant d'entrer en grève ? Assurément, il n'en existe pas beaucoup. C'est bien pour cette raison que nous entendons approfondir l'analyse sur la négociation en milieu professionnel et surtout ressortir ses spécificités. Quelles sont donc les spécificités de la négociation en entreprise ?

## 3. LES SPÉCIFICITÉS DE LA NÉGOCIATION EN ENTREPRISE

Sous certains rapports, la négociation en entreprise partage plusieurs caractéristiques avec d'autres domaines. Elle comporte, cependant, des spécificités qui la distinguent des autres et lui confèrent une définition particulière. Il s'agit (i) d'un processus de décision conjoint stratifié ; (ii) d'un nombre d'acteurs compris entre deux et trois acteurs ; (iii) des intérêts et des enjeux plus ou moins contradictoires ; (iv) de la recherche d'un accord et (v) du règlement ou de la sortie d'un conflit.

### 3.1. Un processus de décision conjoint stratifié

La négociation est avant tout un processus. À un premier niveau, il s'agit d'un processus temporel, c'est-à-dire qu'elle se déroule dans le temps et peut s'inscrire dans une durée plus ou moins longue, contrairement à l'achat d'un véhicule ou d'un autre bien ; elle comporte souvent plusieurs étapes. Justement, il faut une phase de préparation, entamer les discussions qui peuvent être ponctuées d'arrêts et de reprises, parvenir à un accord et en faire un suivi ; et retourner au point de départ si nécessaire, non sans être passé quelquefois par la case grève.

La durée de la négociation est intrinsèquement liée à la nature du problème à régler, au passif entre les acteurs, à l'objet du conflit, à la valeur accordée à cet objet par chaque acteur, etc. Dans le cas de l'achat de la voiture mentionnée plus haut, il n'existe pas de passifs ou d'antécédents entre le vendeur et l'acquéreur ; le véhicule n'est pas un objet de conflit. Le seul problème à régler est relatif aux conditions de cession de la voiture, c'est-à-dire un montant qui satisfasse autant le vendeur que l'acquéreur ainsi que les conditions d'achat (au comptant, par chèque, un échéancier, etc.). Dans ces conditions, la négociation est relativement courte.

En revanche, dans le cas d'une négociation portant sur un bien revendiqué de façon exclusive par deux acteurs, il faudra tenir compte des tensions existantes entre ces derniers (passifs), du symbole que représente ce bien pour chacun d'eux (valeur accordée au bien). Les négociations en entreprise s'apparentent, le plus souvent, à ce deuxième cas. C'est à l'occasion de la négociation que l'on décide comment le profit sera partagé (CTM et FES, 2009). Dès lors, il n'est pas évident que les discussions passent comme une lettre à la poste et les négociations peuvent s'avérer plus longues que dans d'autres domaines.

À un second niveau, la négociation est un processus de décision commune ou conjointe (Bevort et al., 2012), ce qui exclut, de facto, d'autres qui pourraient s'avérer plus coûteux et plus fastidieux. Un vote, par exemple, pour atteindre un même objectif demanderait une logistique plus importante et un temps de travail perdu, car les travailleurs cesseraient de travailler, ne serait-ce que le temps du vote (Thuderoz, 2010). À une certaine échelle, ce temps de travail sera considérable et il n'est pas évident qu'il puisse être récupéré par l'employeur.

Une autre particularité de la négociation en entreprise est la stratification. Elle peut se faire suivant plusieurs modalités en fonction de la taille de l'entreprise et de la répartition géographique des établissements ou des unités de production. Elle comporte trois niveaux, notamment les niveaux macro ou interprofessionnel, méso ou branche d'activité et micro ou entreprise comme le met au jour Laroche (2009).

Suivant son analyse, le premier niveau est inhérent à la négociation interprofessionnelle. Cette forme de négociation concerne celle ayant lieu entre les organisations syndicales, plus particulièrement les confédérations syndicales et les organisations d'employeurs. Elle a pour but de produire des règles s'appliquant à l'ensemble des acteurs du monde du travail. Il s'agit, par exemple, des conditions de travail, des primes, etc. Il souligne, par ailleurs, que cette forme de négociation a pour vocation de préparer celles devant intervenir aux échelons inférieurs.

Le deuxième niveau concerne la branche d'activité. Elle a pour but de conclure des conventions collectives entre des employeurs et des travailleurs ayant des activités analogues, c'est-à-dire dont les procédés de travail ainsi que les produits finis présentent de nombreuses similitudes. En prenant le cas de l'automobile, on peut y mettre les entreprises de pneumatique, de carrosserie, de vitrerie, de plastique, de cuir, de lubrifiant pour moteur, de liquide de refroidissement, d'équipements pour auto, etc. En outre, il convient de souligner que la négociation par branche permet d'adapter les accords conclus au niveau macro en tenant compte des spécificités de chaque branche.

Le troisième niveau est relatif à l'entreprise ou à l'établissement. Il concerne directement l'employeur ou son représentant et les travailleurs pris individuellement ou collectivement. Ici également, il permet d'adapter les conventions collectives aux situations particulières des entreprises. Naturellement, il vise à régler des situations nouvelles et/ou ponctuelles qui se présentent à l'entreprise.

À l'analyse, cette stratification de la négociation collective fait ressortir des spécificités en fonction des acteurs. Il est question de la quantité et de la qualité des acteurs impliqués et du type de négociation. C'est ce que traduit le tableau suivant :

**Tableau 4 : Stratification selon les acteurs et le type de négociation**

| Niveau | Nombre d'acteurs impliqués | Qualité d'acteurs | Type de négociation |
|---|---|---|---|
| Macro ou interprofessionnel | 3 | • État (Gouvernement) ;<br>• Organisations d'employeurs ;<br>• Organisations de Travailleurs. | Tripartite |
| Méso ou branche d'activité | 2 | • Organisations d'employeurs ;<br>• Organisations de Travailleurs. | Bipartite |
| Micro ou entreprise | 2 | • Employeurs ;<br>• Travailleurs ou organisations de Travailleurs. | Bipartite |

Source : À partir de l'analyse de Laroche (2009).

Les données du tableau 4 suggèrent que la négociation interprofessionnelle est tripartite ; elle a lieu entre tous les partenaires sociaux. C'est à ce niveau qu'intervient le dialogue social. Celle par branche d'activité est bipartite et implique les organisations d'employeurs et de travailleurs. De même, la négociation en entreprise est aussi bipartite. Ici, elle ne concerne que l'employeur et les travailleurs, pris individuellement ou collectivement.

De plus, Laroche (2009) souligne que cette stratification de la négociation varie d'un pays à l'autre, certains pays accordant plus d'intérêts à l'un ou l'autre des niveaux. Il note, à ce sujet, que la France a tendance, ces dernières années, à privilégier le niveau micro. Il en est de même pour les États-Unis qui ont adopté depuis bien longtemps cette approche, tandis les pays scandinaves préfèrent le niveau macro.

### 3.2. Deux ou trois acteurs

Un autre point important relatif à la négociation en entreprise est l'implication d'acteurs (Bilodeau et Sexton, 2013). Une négociation a lieu entre au moins deux personnes ; mais elle peut également rassembler plusieurs personnes individuellement ou en groupes avec des représentants et même des acteurs extérieurs, notamment des experts, des conseillers, etc. Les différentes configurations envisageables au niveau des acteurs sont parfaitement résumées suivant l'analyse de Goguelin (2005) sur les intervenants de la négociation. C'est ce que décrit le graphique suivant :

**Schéma 1 : Configuration des acteurs selon l'analyse de Goguelin**

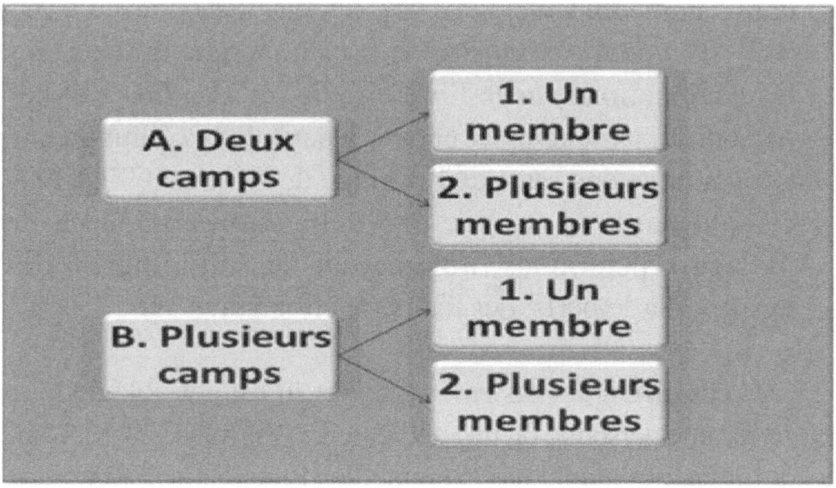


Source : Goguelin (2005).

De la figure, il ressort quatre situations possibles :

- **A.1** : Deux camps avec un membre chacun. C'est le cas d'un vendeur et d'un acquéreur de véhicule négociant individuellement le prix du bien. Le camp, ici, se résume à la personne participant à la négociation ;
- **A.2** : Deux camps avec plusieurs membres. Cette situation est celle de deux pays négociant le tracé de leur frontière commune ainsi que le partage des ressources disponibles dans la zone concernée. Chaque État vient avec des hauts fonctionnaires, des juristes, des experts, etc. ;
- **B.1** : Plusieurs camps avec un membre chacun. Il peut s'agir de locataires d'un immeuble, par exemple, négociant les règles de vie dans le bâtiment (utilisation et réparation des ascenseurs, gestions des ordures ménagères, l'éclairage dans l'immeuble, etc.) ;
- **B.2** : Plusieurs camps avec plusieurs membres. Dans les négociations sur la libre circulation des biens et des personnes, par exemple, entre les pays de la Communauté Économique des États de l'Afrique de l'Ouest (CEDEAO), chaque pays vient avec une délégation composée de plusieurs personnes, notamment des diplomates, des juristes, des experts, des hauts fonctionnaires, etc.

Dans ces différents cas envisageables, il est possible de faire intervenir une personne ou une entité tierce (Zartman, 2008). Dans le conflit israélo-arabe, par exemple, les États-Unis d'Amérique (EUA) ont pendant longtemps servi de médiateur permettant aux deux parties d'accepter de s'asseoir à la même table pour négocier. Et pour qu'il y ait négociation, il faut justement *l'existence d'un dialogue* ; ce qui implique, de fait, la présence d'au moins deux acteurs et qui exclut par la même occasion le monologue ou l'accord conclu entre deux parties, mais dans lequel une partie n'a pas voix au chapitre (Stimec, 2011).

Alors que la négociation dans d'autres secteurs peut impliquer un nombre relativement important d'acteurs, en entreprise elle est limitée : deux au minimum et trois au maximum ; même si chaque acteur peut se faire accompagner de personnes ressources, notamment des experts, des juristes, des conseillers, etc.

Bilodeau et Sexton (2013) qui prennent pour acquise la définition de la négociation formulée par Dion (1986) soulignent, en outre, que la négociation est un acte volontaire. Mais, il convient de mentionner qu'il peut exister des pressions extérieures qui amènent les différents acteurs à s'engager dans la négociation (Thuderoz, 2010). Ces pressions semblent toujours présentes. Autrement, elles sont permanentes, sinon ce serait un loisir. On ne négocie pas parce qu'on est heureux ; c'est parce qu'il y a une tension, un conflit latent ou manifeste que l'on est amené à négocier ; en tout cas, en ce qui concerne le milieu professionnel.

Ce à quoi les auteurs font allusion, ici, semble être un accroissement de la pression en raison d'une position dominante au cours de la négociation. Le rapport de force peut être en faveur d'une partie qui peut en user pour faire plier l'autre. Bilodeau et Sexton (2013) parlent de la puissance et du pouvoir des parties pour désigner ces pressions, c'est-à-dire, de façon générale, cette capacité qu'a une partie d'amener l'autre à sa position. Mais cette capacité peut être liée à la persuasion, à l'art de convaincre l'autre, mais aussi à la force et surtout à la capacité à faire mal.

De fait, un syndicat qui voit la mobilisation s'effriter totalement lors d'une grève a-t-il d'autres choix que de se rendre à une négociation initiée par l'employeur ? Dans certaines sphères, marchandes et commerciales, par exemple, les acteurs entrent généralement en négociation de gré, car les intérêts ne sont pas nécessairement divergents et/ou

incompatibles. Cependant, il convient de remarquer que l'une des parties peut y être contrainte. Il y a lieu de se poser alors la question de savoir si l'entrée en négociation est un acte délibéré ou non.
Trois cas de figure peuvent se présenter pour nous aider à répondre à cette question :

1. une partie invite l'autre à la négociation : un des acteurs peut inviter le ou les autres à négocier. Un syndicat peut inviter la direction de l'entreprise à négocier sur des questions qui le préoccupe, soit pour anticiper sur un problème ou pour le résoudre. Inversement, la direction peut adopter la même démarche. C'est, le plus souvent, une négociation spontanée à la demande d'une des parties ;
2. les différents acteurs peuvent décider, eux-mêmes, d'aller à la négociation. Le syndicat et la direction de l'entreprise peuvent, d'un commun accord, prendre l'initiative des négociations. Cette approche peut être formalisée ou non. Les deux parties peuvent décider, de façon spontanée, de se rencontrer. Par ailleurs, la ou les négociations peuvent avoir été instituées par les parties à travers des accords préexistants ;
3. un acteur extérieur aux parties ou une disposition légale peut imposer la négociation aux différentes parties. C'est le cas lorsque l'État, par exemple, exige aux syndicats et aux employeurs la négociation.

Si dans les deux premiers cas, l'entrée en négociation peut être considérée comme volontaire, il en est autrement en ce qui concerne le dernier cas. Dans le Code du Travail ivoirien, en effet, le Gouvernement peut imposer une négociation après le dépôt du préavis de grève par les syndicats (Code du Travail,

Article 82.6). En outre, si des négociations engagées entre les parties n'aboutissent pas à un accord et qu'une grève s'en suit avec éventuellement des conséquences préjudiciables pour la société, alors le Gouvernement peut imposer une négociation aux parties (Code du Travail, Article 82.13). Dans certains pays comme la France, il y a, depuis 1982, des négociations obligatoires annuelles (Landier , 2015). Le droit est, ici, une forme de contrainte qui rend caduque la notion de volontaire en ce qui concerne l'entrée des acteurs dans la négociation.

Une autre spécificité de la négociation en entreprise est le rapport de force inégalitaire (pouvoir) doublé d'une asymétrie de l'information entre les acteurs (Mousli, 2003). En effet, dans un mode de production capitaliste, l'employeur est suffisamment fort pour contenir les travailleurs et leurs organisations à moins que ceux-ci ne construisent de véritables syndicats pour se défendre. Il est même possible que l'employeur dispose d'énormes ressources pour s'imposer aux travailleurs d'une manière ou d'une autre. D'ailleurs, dans le cadre du pouvoir, l'employeur est mieux logé que les travailleurs. En réalité, le contrat de travail, du fait de sa nature même, confère une autorité à l'employeur.

En outre, comme déjà mentionné, le mode de production capitaliste sécrète également une relation inégalitaire entre l'employeur (détenteurs des moyens de production) et le salarié (celui qui vend sa force de travail). Il existe, de ce fait, entre ces deux acteurs, une relation inégalitaire doublée d'une relation de subordination.

Ce rapport inégalitaire (pouvoir) qu'on pourrait qualifier de structurel est renforcé par l'asymétrie d'informations dans l'entreprise : « *La direction est mieux informée, dispose de plus de gens compétents, et last but not least, elle a quasiment toujours, légalement, le pouvoir de décider en dernier ressort* » (Mousli, 2003 : 16). Ici, en effet, l'employeur dispose d'une quantité beaucoup plus importante d'informations en ce qui concerne l'entreprise que les travailleurs. C'est pourquoi dans certaines législations, il est exigé du chef d'entreprise qu'il mette à la disposition des salariés ces informations afin qu'ils soient tous au même niveau d'information[7]. À ce sujet, l'article 7 de la Recommandation N°163 de l'OIT stipule :

> *« (1) Des mesures adaptées aux circonstances nationales devraient être prises, s'il y a lieu, pour que les parties aient accès aux informations nécessaires pour pouvoir négocier en connaissance de cause.*
> *(2) À cette fin:*
> *(a) les employeurs publics et privés devraient, à la demande des organisations de travailleurs, fournir, sur la situation économique et sociale de l'unité de négociation et de l'entreprise dans son ensemble, les informations qui sont nécessaires pour permettre de négocier en connaissance de cause. Au cas où la divulgation de certaines de ces informations pourrait porter préjudice à l'entreprise, leur communication pourrait être liée à un engagement de les considérer comme confidentielles autant qu'il est nécessaire; les informations à fournir pourraient être déterminées par un accord conclu entre les parties à la négociation collective;*
> *(b) les pouvoirs publics devraient fournir les informations nécessaires sur la situation économique et sociale globale du pays et de la branche d'activité intéressée, dans la mesure où la divulgation de ces informations n'est pas préjudiciable à l'intérêt national ».*

7- En côte d'Ivoire, l'article 61.13 du Code du Travail exige de l'employeur qu'il informe, chaque année, les travailleurs en ce qui concerne la situation de l'entreprise, ce qui est une recommandation formulée par l'OIT en 1981 (Recommandation N° 163 sur la négociation collective, 1981 : Article 7).

Dans ces conditions, on peut légitimement conjecturer que l'asymétrie d'informations et de pouvoir entre employeur et travailleur est bien réelle. Par ailleurs, les travaux de Boltanski et Thevenot (1991) et Boltanski et Chiapello (1999) révèlent que ces deux catégories d'acteurs appartiennent à deux cités différentes, l'un dans le monde marchand et l'autre dans le monde civique ; et ne partagent pas toujours les mêmes valeurs, les mêmes principes et les mêmes objectifs. Cette vision différenciée entre employeurs et travailleurs est susceptible de renforcer plus ou moins cette asymétrie d'informations et de pouvoir et contribuer ainsi à accentuer l'antagonisme entre eux.

Un dernier point en ce qui concerne les acteurs de la négociation en entreprise, est la relation d'interdépendance (Bevort et al., 2012). De fait, dans bien d'autres domaines, les parties peuvent se séparer juste après les discussions. C'est le cas du marchandage ou même dans une certaine mesure en diplomatie. Elles peuvent même quitter les pourparlers à tout moment. En entreprise, en revanche, les parties sont liées par un contrat et sont tenues de collaborer après les discussions pour, entre autres, continuer d'exécuter le contrat de travail, et surtout chercher à appliquer l'ensemble des règles et normes produites lors des négociations.

### 3.3. Des intérêts et des enjeux plus ou moins contradictoires

Bien que tous les acteurs prétendent partager un intérêt et un objectif communs en déclarant rechercher un meilleur fonctionnement de l'entreprise, il existe des enjeux qui, eux, ne sont toujours pas perceptibles et sont pourtant déterminants dans la négociation. En effet, ils ne sont pas toujours affichés ; le ou les acteur(s) présente (nt) des intérêts sur lesquels portent les négociations, alors que le véritable but à atteindre peut-être la satisfaction des enjeux. Dans une entreprise, prenons le cas d'un syndicat créé de façon discrète à l'initiative de l'employeur, quand bien même cela serait interdit par les conventions 87 et 98 de l'OIT : la création de cette nouvelle organisation vise à effriter l'audience des syndicats existants.

Lors d'une négociation, alors que tous les autres syndicats présenteront leurs revendications, ce syndicat dira qu'elles ne sont pas opportunes et peuvent attendre en raison de la situation de l'entreprise. Il mettra en avant la survie de l'entreprise, les efforts consentis par l'employeur et surtout la préservation de l'outil productif. Mais au fond, ce qu'il recherche, c'est d'empêcher les autres syndicats de fonctionner ; et cela, il ne le mentionnera jamais publiquement. De ce point de vue, les enjeux peuvent s'avérer plus pertinents que les intérêts dans une négociation.

Les revendications et intérêts présentés lors de la négociation peuvent servir à satisfaire les enjeux qui, eux, sont cachés et opposés, voire contradictoires. Un syndicat qui vient d'être créé, par exemple, peut poser des problèmes avec des intérêts objectifs articulés autour de problèmes réels vécus par les salariés qu'il présentera lors des négociations. Mais ce qui est véritablement recherché, c'est l'audience auprès des travailleurs ; leur montrer que ce nouveau syndicat peut lutter pour eux et est capable de résoudre leur problème. Ce qui constitue l'enjeu manifeste de la négociation pour cette organisation syndicale.

Ces enjeux, qu'ils soient perceptibles ou non, déterminent l'issue possible de la négociation. Stimec (2011) identifie trois types d'enjeux à cet effet. Ce sont les enjeux substantiels, relationnels et procéduraux. Les enjeux substantiels :

*« Les enjeux substantiels sont les plus visibles et sont en général présents dans la demande. De nombreuses questions*

*relationnelles viennent souvent s'ajouter à la négociation : confiance/méfiance, ressentis et perceptions quant aux précédentes négociations... Enfin, dans toute négociation, il y a une négociation sur la négociation, c'est-à-dire la fixation explicite ou tacite de règles du jeu et de limites » (Stimec, 2011 : 8).*

Pour expliciter cette définition, il propose le tableau suivant :

**Tableau 5 : Les types d'enjeux de la négociation selon Stimec**

| | Exemples d'enjeux | Exemples d'accord |
|---|---|---|
| **Substantiel** | Une permission de sortie | L'horaire et les conditions de retour |
| | Un bien... | Le montant de la transaction |
| **Relationnel** | Un comportement gênant | Un changement de comportement |
| | Un épisode mal vécu | Une clarification et des excuses |
| **Procédural** | La négociation elle-même | Quand se réunir ? Où ? Avec qui ? À propos de quoi ? Qui parlera en 1er ? |

Source : Stimec (2011 : 9).

À l'analyse, les enjeux substantiels portent sur le contenu du problème négocié qui est factuel, papable, etc., et peut être vérifié. Les enjeux relationnels sont d'ordre affectuel et psychologique et ne peuvent être saisis qu'à travers une observation des comportements des acteurs. Les résultats de ces accords, ici, sont subjectifs, car ils s'accompagnent de variables comme la confiance, la méfiance, etc. difficiles à cerner.

Enfin, quant aux enjeux liés à la procédure, l'auteur met l'accent sur les conditions de la négociation, c'est-à-dire les négociations qui l'entourent. À ce titre, l'environnement de la négociation peut impacter significativement les résultats obtenus ; c'est pourquoi chaque partie s'assure, dans un souci d'égalité et/ou d'équité, qu'il a les mêmes chances que tous les autres. En conséquence, le lieu (un endroit neutre)[8] le nombre de participants par camp, la disposition des participants autour de la table de la négociation, le format de la table (table ronde, table en U, etc.), etc. sont eux-mêmes à négocier avant la négociation.

### 3.4. La recherche d'un accord ou d'une « *situation d'entente* »

La recherche d'un accord est centrale dans la négociation en entreprise (Mousli, 2003) en ce sens que les acteurs veulent un accord devant régir leur collaboration. Il est, en première analyse, ce qui convient aux différentes parties. Pour un syndicat qui négocie une hausse de salaire, il existe un montant en dessous duquel il ne peut descendre. De même, pour l'employeur, il existe un montant au-dessus duquel il n'est plus prêt à accepter l'augmentation. Ces deux montants constituent les bornes inférieure et supérieure de la négociation. Dès lors, l'accord ne peut que se situer entre ces montants.

L'accord possible se trouve donc entre ces bornes. Prenons le cas d'un syndicat X qui demande une augmentation de salaire de 10%, mais qui est prêt à réduire ses prétentions jusqu'à 7% ; l'employeur est prêt à concéder au syndicat une

8- Les sommets entre les États-Unis et la République Populaire Démocratique de Corée (RPDC) en 2018 et début 2019, se sont tenus respectivement à Singapour et au Vietnam. Si ces deux pays n'ont, en apparence, aucun lien avec les pays en négociation, dans les faits ils suggèrent tout autre chose. Il s'agit de montrer à la Corée du Nord ce qu'elle peut devenir si elle renonce au communisme et à l'économie planifiée. Singapour est un allié des États-Unis et est prospère. Le Vietnam a remporté une victoire significative sur les États-Unis ; mais elle a accepté l'investissement américain et abandonné l'économie planifiée. Elle connaît une croissance économique appréciable ces dernières années. Ceci traduit bien que le choix du lieu de la négociation a un sens pour les acteurs impliqués dans la négociation.

hausse de l'ordre de 6%, mais il accepterait de consentir des efforts supplémentaires à hauteur de 8%. L'accord possible se situe donc entre 7 et 8% comme l'indique le schéma suivante :

**Schéma 2 : La zone de l'accord 1**

| | | | | | | | | | | |
|---|---|---|---|---|---|---|---|---|---|---|
| Prétention du syndicat | 1 | 2 | 3 | 4 | 5 | 6 | 7 | 8 | 9 | 10 |
| Zone de l'accord | 1 | 2 | 3 | 4 | 5 | 6 | 7 | 8 | 9 | 10 |
| Proposition de l'employeur | 1 | 2 | 3 | 4 | 5 | 6 | 7 | 8 | 9 | 10 |

Sur la figure 2 ci-dessus, cette situation concerne les cas A.1 et A.2 où deux personnes ou deux groupes entrent en négociation (Schéma 1). Mais dans les cas de B.1 et B.2 où plusieurs groupes avec un ou plusieurs membres où chacun négocie, la situation peut s'avérer beaucoup plus complexe. Prenons le cas de 5 syndicats qui exigent une hausse de salaire à leur employeur. Ils entrent en négociation avec ce dernier pour déterminer un montant qui satisfait les besoins de chacun d'entre eux.

Supposons qu'ils soient tous informés des salaires pratiqués dans la branche et ajustent donc leurs prétentions en en tenant compte. Ils connaissent donc les plus faibles et plus hauts salaires de la branche. Ils savent ainsi que les prix à proposer lors de la négociation sont situés entre ces deux montants. Mais, en tenant compte des préoccupations particulières de chaque syndicat, les représentants auront un montant minimum et un montant maximum. À titre illustratif, l'on peut se référer aux prix consignés dans le tableau suivant :

**Tableau 6 : Les prétentions syndicales**

| | Montant Minimum (en pièce) | Montant Maximum (en pièce) |
|---|---|---|
| Syndicat 1 | 300 | 700 |
| Syndicat 2 | 400 | 650 |
| Syndicat 3 | 350 | 800 |
| Syndicat 4 | 500 | 725 |
| Syndicat 5 | 425 | 775 |

Source : Analyse de l'auteur

En procédant de la même façon que les cas de A.1 et A.2 (Schéma 2), on obtient la figure suivante :

**Graphique 1 : La zone de l'accord 2**

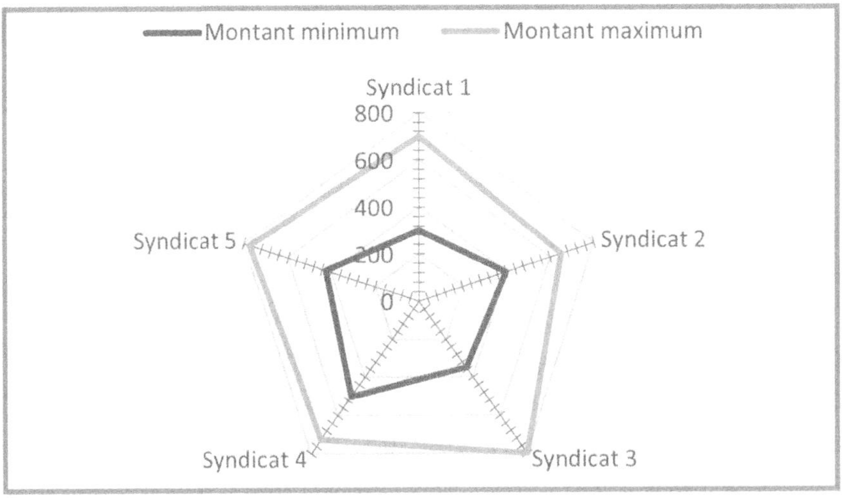


Source : Analyse de l'auteur

Ici, l'accord est beaucoup plus difficile à déterminer ; il s'agit d'une zone comprise entre les courbes des montants minimum et maximum.

L'accord recherché, jugé mutuellement acceptable par Stimec (2011), suggère la recherche d'un compromis. C'est en fait une volonté d'accéder à un bien que l'autre possède ou dont il détient l'accès, de modifier une règle à laquelle l'autre est partie prenante et possède des droits ; mais pour laquelle il est prêt à faire des concessions, c'est-à-dire renoncer, en partie, à ses prétentions initiales comme le fait remarquer Thuderoz (2010) :

> *« Pour s'accorder, il faut abandonner ses prétentions initiales, concéder à cet autrui une part de ce qu'il désire et que l'on possède (ou dont on détient les droits, s'il s'agit de biens ; dont on détient l'accès, s'il s'agit d'informations ou de ressources ; dont on détient la possibilité, s'il s'agit d'une action à engager) pour obtenir, dans un échange raisonné de concessions, une part de ce que l'on désire soi-même et que cet autrui possède (ou dont l'autorisation est nécessaire, s'il s'agit, non d'un bien, mais d'une règle, d'une procédure à accomplir, d'un geste à accorder) » (Thuderoz, 2010 : 16).*

Il s'en suit que l'accord obtenu, quoiqu'il puisse présenter des écueils, semble être le niveau satisfaisant, ou du moins, bénéfique pour chaque acteur (Bilodeau et Sexton, 2013). À l'analyse, ceci est discutable, car un acteur peut accepter un accord sans que cela ne lui soit bénéfique, mais attende, par exemple, que le contexte change et le rapport de force lui soit favorable pour exiger d'autres négociations et remettre ainsi en question les accords précédents[9]. À ce niveau, la définition

9- Cette situation s'est produite dans le champ politique (et peut se produire en entreprise) lors de la Première et Deuxième Guerre Mondiale. Il est difficile d'imaginer que l'Allemagne qui paye des réparations de guerre à l'issue de la première guerre mondiale ait obtenu un « accord mutuellement bénéfique » avec les vainqueurs. Ces accords « bénéfiques » pour les Allemands ne portent-ils pas les germes de la seconde grande guerre ? Comment l'expliquer de Goguelin (2005) semble convenir lorsqu'il note : « *Il s'applique d'abord aux rapports entre les hommes ayant des intérêts différents et cherchant à établir entre eux une situation d'entente, de non-conflit* » (Goguelin, 2005 : 149). En effet, une situation d'entente est plus pertinente qu'un « *accord mutuellement bénéfique* ». La *situation d'entente* n'est pas nécessairement mutuellement bénéfique pour les différentes parties prenantes de la négociation ; mais chaque acteur peut s'en accommoder. Justement, il s'agit plutôt d'un accord momentanément convenable pour chaque partie.

### 3.5. Le règlement ou la sortie d'un conflit

En entreprise, la recherche d'un accord vise, avant tout, à régler un conflit ou à en sortir comme le fait remarquer Mousli (2003). Alors que dans d'autres champs, elle vise à atteindre un objectif partagé, en entreprise elle a essentiellement pour but d'« ... *éviter ou régler un conflit, un différend, une divergence ou encore pour remédier à l'absence ou à l'inadaptation des règles faites pour permettre aux gens de coopérer* » (Mousli 2003 : 16). Il souligne, par ailleurs, que l'objectif est rarement partagé lorsque les négociations démarrent ; ce qui est exact en partie, puisque dans certains cas, lorsqu'il s'agit de sauver une entreprise par exemple, l'objectif peut être partagé, l'employeur sauvegardant son appareil productif et les travailleurs leur emploi et leur salaire. Ce qui n'est possible que si l'entreprise continue de fonctionner.

En fait, on négocie en entreprise parce qu'il y a un problème à résoudre ; c'est en quelque sorte la condition *sine qua non* pour qu'on parle de négociation, car elle s'avère nécessaire pour éviter le problème. Il dit à ce sujet : « *Il suffit que*

si cet accord était « mutuellement bénéfique » ?

*l'absence de négociation (ou d'une autre approche) fasse problème »* (Stimec, 2011 : 7).

Eu égard à ce qui précède, on retiendra qu'une définition de la négociation en entreprise prend en compte cinq points, notamment :

1. un processus de décision conjoint stratifié ;
2. l'implication de deux ou trois acteurs ;
3. des intérêts et des enjeux plus ou moins contradictoires ;
4. la recherche d'un accord ou d'une « *situation d'entente* » momentanément ou définitivement convenable pour chaque partie ;
5. le règlement ou la sortie d'un conflit.

On retiendra donc que la négociation en entreprise est un processus de décision conjoint stratifié, impliquant des acteurs (individus ou groupes) aux intérêts et enjeux plus ou moins contradictoires à la recherche d'un accord momentanément ou définitivement convenable pour chaque partie en vue de prévenir ou sortir d'un conflit.

# DEUXIÈME PARTIE :

# LES PRÉALABLES À LA NÉGOCIATION ET À LA GRÈVE

# CHAPITRE 3

# L'ANALYSE DE LA SITUATION

Avant de s'engager dans une grève et/ou une négociation, il convient d'avoir une vue claire de la situation du syndicat, de l'entreprise, du contexte politique, etc. afin d'établir le rapport de force et développer en conséquence sa stratégie. Autrement dit, il s'agit de disposer d'informations nécessaires à cet effet. En outre, dans de nombreux pays, il existe des négociations obligatoires dès que le préavis de grève est déposé auprès des autorités compétentes. Il convient, de ce fait, d'avoir quelques notions concernant ces négociations essentiellement d'ordre juridique.

## 1. LA COLLECTE DE L'INFORMATION

Il est capital de disposer d'une certaine quantité d'informations avant toute initiative. En effet, il est indispensable de connaître ses forces, ses faiblesses ainsi que celles de la partie opposée afin de s'assurer la victoire. C'est bien ce que Tzu (2015) traduit en ces termes :

> *« Qui connaît l'autre et se connaît, en cent combats ne sera point défait ; qui ne connaît l'autre, mais se connaît sera vainqueur une fois sur deux ; qui ne connaît pas plus l'autre qu'il ne se connaît sera toujours défait » Tzu (2015 :61).*

Avant toute grève et/ou une négociation, la collecte d'informations s'avère nécessaire. Nous proposerons, ici, l'approche développée par la Confédération Mondiale du travail (CMT) et la Confédération internationale des syndicats libres (CISL) (sans date). En fait, elle consiste à collecter et à analyser les informations. L'information est capitale au cours d'une négociation. Elle est en rapport avec le ou les objets de la négociation.

Les représentants des travailleurs doivent se poser les questions suivantes : quelles sont les informations nécessaires ? Et où peut-on les obtenir ? Pour répondre à ces questions, les leaders syndicaux dressent la liste des informations importantes et pertinentes pour la négociation ainsi que les lieux où ils peuvent les trouver. Aussi devront-ils prendre en considération les obstacles éventuels pouvant affecter la collecte de l'information, car certaines données, surtout financières, sont particulièrement difficiles à obtenir.

Sans être exhaustives, elles peuvent concerner le syndicat, l'employeur et la situation politique et socio-économique du pays. Ces informations peuvent être obtenues sur les fiches d'adhésion des membres, les contacts journaliers avec les travailleurs et au cours des meetings, à partir d'enquêtes réalisées par questionnaires, les rapports trimestriels, semestriels et annuels de l'employeur, les journaux financiers, l'Institut National de la Statistique (INS), la Caisse Nationale de Prévoyance Sociale (CNPS), la Caisse Générale de Retraite des Agents de l'État (CGRAE), les ONG et les Organisations de la Société Civile (OSC), Internet et les autres sources susceptibles de fournir des informations utiles pour les négociations.

### 1.1. Les informations sur le syndicat

Les leaders doivent collecter des informations détaillées sur les membres du syndicat. D'ordinaire, ces informations sont obtenues à partir des fiches d'adhésion. Lors du recrutement d'un nouveau militant, le syndicat recueille des informations le concernant. Il s'agit, entre autres, du nom et prénoms, de l'âge, du sexe, de la catégorie socioprofessionnelle, du niveau d'instruction, de la religion, du lieu d'habitation, du type d'habitation, de la situation matrimoniale, du nombre de personnes à charge, de la trajectoire professionnelle, etc.

En principe, ces données sont constamment actualisées. Elles font l'objet d'études détaillées permettant d'avoir une vue d'ensemble sur les membres du syndicat. Elles servent également à identifier les atouts, les forces et les faiblesses des adhérents ainsi que leurs aptitudes à soutenir des négociations et éventuellement à participer à des actions de masse.

Le syndicat devra s'informer sur le niveau des salaires pratiqués dans l'entreprise pour s'assurer que les travailleurs sont rémunérés décemment et conformément aux textes et aux lois en vigueur. Si ce n'est pas le cas, cela peut constituer un facteur de mobilisation et de cohésion du groupe avant les négociations ; en même temps, cela peut constituer un point de discussion important.

Les primes distribuées sont tout aussi importantes. Elles sont accordées pour motiver les salariés en fonction des spécificités de l'entreprise. Il peut s'agir de la sécurité, de risques liés à l'usage de produits toxiques et/ou d'outils et de matériels dangereux. Il peut également s'agir d'accessoires de salaire pour aider à exécuter le contrat de travail. Mais elles traduisent, par la même occasion, la participation des travailleurs aux profits réalisés par l'entreprise.

On pourra comparer ces salaires et ces primes à ceux pratiqués dans les autres entreprises, dans la branche et même au niveau national. De même, on pourra le faire avec d'autres pays avec lesquels la Côte d'Ivoire présente des similitudes et/ou a des conventions ou traités en matière de travail. Ceci peut être valable pour l'entreprise exploitant le chemin de fer en

Côte d'Ivoire. C'est la même qui le fait au Burkina Faso. Le syndicat de cette entreprise peut donc établir les comparaisons avec leurs collègues burkinabés. Toutes ces informations peuvent s'avérer pertinentes et utiles pour les négociations.

Les attentes des membres du syndicat sont aussi importantes. C'est le lieu de poser la question suivante : qu'est-ce que les militants attendent des négociations ? Plusieurs options s'offrent aux leaders pour obtenir cette réponse. Si la négociation est imminente et qu'on ne dispose pas suffisamment de temps, un meeting peut convenir. Au cours de cette réunion, les leaders peuvent accorder la parole à des militants pour avoir une idée plus ou moins claire sur les attentes des membres.

Si le syndicat dispose de plus de temps, une Assemblée Générale (AG) s'avère plus adaptée. Un plus grand nombre de militants peut avoir droit à la parole et s'exprimer davantage sur les attentes de la négociation. Une dernière approche non moins pertinente est l'enquête. Le syndicat peut initier une enquête par questionnaire, par exemple, pour recueillir les attentes des membres du syndicat. Ces informations sur les attentes des militants situent les leaders sur les concessions qu'ils sont autorisés à faire lors des discussions et aussi les points importants à obtenir en priorité. Aujourd'hui, avec le développement de l'informatique et des technologies de l'information, il est possible de réaliser les enquêtes par questionnaire en ligne et sur les plateformes de messagerie instantanée.

La situation générale et financière du syndicat devra également être passée en revue. Une négociation implique le recours à des experts, à des études, à la collecte ou à l'achat de chiffres et données, à des moyens de communication, etc. La question qu'il convient de poser, ici, est de savoir si le syndicat peut soutenir ces dépenses, surtout si les négociations s'inscrivent dans la durée. Dans l'affirmative, il est donc possible d'engager sereinement les discussions. Le cas échéant, le syndicat devra revoir sa stratégie et l'adapter en tenant compte de sa situation financière.

Un échec éventuel des négociations peut déboucher sur une grève qui nécessite davantage de ressources financières. Mais bien plus, si la grève a lieu, pour les jours non ouvrés, et donc non payés, le syndicat devra soutenir financièrement les militants, surtout si elle doit durer. C'est pour toutes ces raisons qu'il est nécessaire d'évaluer la situation financière du syndicat avant les négociations.

Mais aussi, il faudra s'assurer de la capacité et de la possibilité des membres à participer à une grève. C'est une arme au cours de la négociation, un moyen de pression efficace lorsqu'elle est menée dans les conditions appropriées. Elle constitue une ressource supplémentaire permettant d'accroître la pression sur l'autre partie afin qu'elle accède aux revendications du syndicat. Justement pour qu'il en soit ainsi, les militants doivent être disposés à faire la grève si nécessaire. Les leaders peuvent obtenir cette certitude à partir d'un sondage, d'une Assemblée Générale ou d'un meeting.

Un autre point à prendre en compte est l'état des alliances et des partenariats du syndicat. S'il existe plusieurs syndicats dans l'entreprise, il s'avère nécessaire de connaître leurs positions. En cas de blocage, le syndicat peut-il bénéficier de soutien ? S'il s'agit d'un syndicat d'entreprise ou d'une fédération régionale, alors le premier soutien est la centrale syndicale à laquelle il est affilié. Ensuite, viennent les autres syndicats de l'entreprise si possible, les syndicats du même secteur d'activité, de la même branche, les autres centrales syndicales pouvant apporter leur soutien à ces négociations. Enfin, on pourra regarder du côté des organisations de la société civile et surtout de l'opinion publique. Ce travail doit être entrepris pour évaluer les forces du syndicat qu'on pourra faire jouer lors des discussions, mais également en cas de blocage ou rupture des négociations.

### 1.2. Quelques informations utiles concernant l'employeur

Il est important pour les syndicats de connaître parfaitement l'équipe de la direction. En ce qui concerne le Directeur par exemple, s'il est le propriétaire de l'entreprise, il a moins de pression. Il en est de même dans le cas d'un groupe familial où le Directeur est issu de la famille détentrice de la majorité des capitaux. Il est à ce poste pour ses compétences, mais aussi pour ses relations familiales. Dans tous les cas de figure, son poste est difficilement menacé et cela est à prendre en considération lors des négociations. Ce n'est pas nécessairement le cas d'un Directeur désigné par un Conseil d'Administration (CA) qui attend de lui des résultats ; ce Directeur sait que des jours de grève peuvent lui coûter par exemple son poste.

Ce raisonnement est valable pour tous les autres membres de l'équipe dirigeante. Il existe un réel jeu de pouvoir au sein de l'entreprise et certains acteurs peuvent, suivant l'analyse stratégique développée par Crozier et Friedberg (2014), se rendre indispensable à leur poste. Si un tel Directeur est impliqué dans un problème conduisant à des négociations, l'issue peut s'avérer incertaine. C'est pourquoi les leaders syndicaux doivent connaître tous les acteurs de l'équipe dirigeante afin de développer les stratégies de négociations adaptées aux différentes personnes en face.

La situation financière de l'entreprise doit préoccuper particulièrement l'équipe de négociation. En Côte d'Ivoire, ce ne sont pas toujours des données aisées à obtenir quand bien même la loi ferait obligation à l'employeur de les mettre à la disposition des travailleurs : « *Chaque année, l'employeur doit informer les délégués du personnel sur la situation de l'entreprise* » (Code du Travail, Article 61.13). Dans le cas des petites entreprises, ces données peuvent s'avérer difficiles à obtenir en raison de l'usage que les syndicats pourraient en faire. Mais, ce sont des données toujours disponibles puisqu'elles sont tenues de fournir ces informations aux services de la fiscalité. Les syndicats doivent user de moyens supplémentaires pour les acquérir.

Les grandes entreprises qui entreprennent des actions pour soigner leur image et afficher une transparence auprès des usagers les rendent plus facilement accessibles puisque le rapport annuel est, en lui-même, un moyen de communication et de publicité. Ces documents se retrouvent généralement dans les locaux de l'entreprise et à la disposition des usagers. Ils sont même sur Internet et peuvent être téléchargés. Les leaders syndicaux n'éprouveront donc pas de difficultés à s'en procurer.

Les organisations patronales peuvent également fournir ce genre d'informations. La Confédération Générale des Entreprises de Côte d'Ivoire (CGECI), par exemple, semble appropriée pour obtenir des informations sur une entreprise membre ; mais il existe bien d'autres organisations patronales pouvant receler des informations utiles pour les syndicats. Même si les informations ne sont pas disponibles pour une raison ou une autre, la lecture des publications, des dépliants, etc. peut donner des indications aux syndicats concernant leur entreprise comme c'est le cas avec le tableau suivant :

**Tableau 7: Répartition des cotisations annuelles des membres de la CGECI selon le chiffre d'affaires**

| Chiffre d'affaires | Montants des cotisations (francs CFA) |
|---|---|
| Inférieur à 2 milliards | 1 000 000 |
| Compris entre 2 milliards et 5 milliards | 2 000 000 |
| Compris entre 5 milliards et 10 milliards | 3 000 000 |
| Compris entre 10 milliards et 25 milliards | 5 000 000 |
| Plus de 25 milliards | 10 000 000 |

Sources : CGECI, 2018.

À partir de ce tableau, les leaders syndicaux peuvent situer leur entreprise si elle est membre de ce groupement d'employeurs par exemple. D'autres données et informations utiles peuvent être collectées dans les documents des organisations d'employeurs.

Pour les entreprises cotées en bourse, la structure boursière peut constituer une mine d'or pour les syndicats. En Côte d'Ivoire, la Bourse Régionale des Valeurs Mobilières (BRVM) fournit des informations sur chaque entreprise cotée. On peut avoir les rapports annuels, les états financiers et les rapports semestriels de ces entreprises, ainsi que d'autres documents. Certains de ces documents cités sont même disponibles en ligne sur son site web.

Des documents utiles peuvent être payants. La Chambre de Commerce et d'Industrie (CCI), par exemple, publie régulièrement un annuaire avec des informations sur de nombreuses entreprises en Côte d'Ivoire. C'est un précieux document pour les syndicats qui désirent obtenir des informations sur leur entreprise et mener à bien leurs discussions lors des négociations avec leur employeur.

Ces documents peuvent aider à connaître la structure du capital, les principaux actionnaires, etc. Ce sont des informations importantes que les syndicats peuvent utiliser comme moyens de pression durant, et même après les négociations si éventuellement elles venaient à se solder par un échec. En outre, les partenariats et les alliances de l'employeur noués avec d'autres entreprises, des syndicats d'employeurs, des responsables de l'administration du travail, des hommes d'affaires, des membres du gouvernement et des officiels du pays et même à l'étranger, des fondations, etc., sont également à considérer. L'employeur peut mettre à contribution cet ensemble de réseaux avant, pendant et après les discussions pour influer sur l'issue des négociations.

Pour les syndicalistes, il s'agit d'identifier les armes supplémentaires dont dispose l'employeur. En effet, ce dernier peut user de relations privilégiées avec des membres du gouvernement local, par exemple, pour gagner du temps et donner une autre tournure aux négociations. Il peut solliciter des partenaires extérieurs qui feront jouer leur entregent au niveau local et biaiser les négociations. Si l'employeur appartient à un groupe financier important, il peut subtilement menacer le gouvernement de délocalisation par exemple. C'est pour cette raison que les syndicats doivent disposer de toutes les informations pour définir les lignes rouges à ne pas franchir lors des négociations.

Il est aussi important de savoir la position de l'entreprise au niveau local, régional, national et même international. Si l'entreprise représente un enjeu stratégique, les négociations dépassent rapidement le cadre de l'entreprise. En Côte d'Ivoire, une entreprise comme la Compagnie Ivoirienne d'Électricité (CIE) commercialise l'énergie électrique à l'ensemble du territoire. De plus, elle est en situation de monopole ; l'État ivoirien y est actionnaire.

Par ailleurs, elle fournit l'électricité au Ghana, au Mali et au Burkina Faso. Des négociations qui s'amorcent dans une telle entreprise sont forcément suivies de près par les autorités du pays. Cela constitue un atout pour les syndicalistes qui disposent d'un puissant moyen de pression vu que l'employeur fera tout pour éviter l'échec des négociations et éventuellement la grève. Dans le même temps, le gouvernement ne peut pas s'offrir le luxe de laisser courir une grève qui pourrait causer des dommages en ce qui concerne les contrats passés avec d'autres pays. C'est la raison pour laquelle la situation de l'entreprise est aussi une menace pour les syndicats.

C'est pourquoi il est capital de connaître la position de l'entreprise avant d'engager les négociations. Quelquefois, pour limiter les effets néfastes des grèves, l'État limite le droit de grève dans certains secteurs jugés stratégiques. On parle de service minimum. Si votre entreprise ou service fait partie de ces secteurs, il va sans dire que le gouvernement suit de près vos négociations ; et l'intérêt national peut, à un moment donné, être privilégié par rapport à ceux des travailleurs. De fait, les syndicats ne devraient donc pas aller en négociation sans avoir, au préalable, vu la situation de leur entreprise.

Les programmes et les projets en cours ou à venir sont également à connaître avant d'entrer en négociation avec l'employeur. Un programme ou un projet est, par essence, défini dans le temps. Il y a un début et une fin. De même, il y a un coût intimement lié à ce délai. Toute modification de ce délai engendre des coûts supplémentaires dans la plupart des cas. Ce que redoute tout manager. L'échec des négociations est susceptible de conduire à une grève qui peut perturber le cycle du projet ou du programme ou alors retarder son démarrage ; toute chose qui serait nuisible pour l'employeur.

C'est donc un moyen de pression supplémentaire pour les syndicats que de connaître les différents projets en cours ou à venir de l'entreprise. Cela peut également aider à fixer les dates des négociations étant donné qu'on pourra exercer plus de pression sur l'employeur qui ne voudra certainement pas voir ses projets ou programmes arrêtés ou retardés d'une manière ou d'une autre.

Par ailleurs, un autre point à cerner lors de la préparation est l'identification des fournisseurs et des clients de l'entreprise. Elle peut aider à exercer des pressions supplémentaires sur l'employeur pendant et en cas d'échec des négociations. Au début des années 2000, en Côte d'Ivoire, différents acteurs ont mis en exergue des pratiques ancestrales concernant la socialisation des enfants qu'ils ont vite assimilées au travail des enfants. Bien entendu, ces enfants devraient se retrouver dans des classes et non dans des plantations de cacao, café, etc. Les chocolatiers du monde se sont mobilisés contre l'État de Côte d'Ivoire qui a été tenu pour responsable de cette situation. Ils ont désormais conditionné l'achat du cacao ivoirien à l'arrêt, sinon à la limitation du travail des enfants.

En réalité, les consommateurs de chocolat occidentaux pourraient eux aussi refuser de consommer les produits contenant du cacao en provenance de la Côte d'Ivoire. Ce qui causerait un manque à gagner énorme pour toute l'industrie chocolatière. Pour pallier cette situation, le gouvernement ivoirien a pris un certain nombre de mesures allant de la réalisation d'enquêtes pour cerner l'ampleur du phénomène à l'élaboration d'un cadre légal et institutionnel pour réprimer les auteurs de la traite des enfants. Il ne s'agit pas, ici, de négociations en entreprise ; mais cela montre les réactions possibles d'acteurs dans la chaine de production.

Il en est de même pour les négociations sociales. Si elles se soldent par un échec débouchant sur une grève, les syndicats peuvent dénoncer et mettre au jour leurs conditions de vie et de travail. Si elles sont contraires ou heurtent la législation en vigueur, les clients et les fournisseurs pourraient refuser de se rendre complices, coupables et/ou responsables d'une telle situation. C'est pour cette raison qu'il est important de les identifier dès le départ afin de formuler à leur intention, le moment venu, les messages dénonçant les abus de l'employeur.

Une dernière catégorie de personnes à identifier en ce qui concerne l'employeur est le ou les concurrent (s). Ces derniers pourraient être les premiers à se réjouir de l'échec des négociations et d'une grève chez la partie adverse. Logiquement, ils sont les premiers à en tirer profit, car l'entreprise en grève est susceptible de perdre des parts de marché que ces concurrents n'auront pas de mal à récupérer. En économie, on parle de Taux Marginal de Substitution (TMS) pour désigner le « ... *taux auquel le consommateur substitue un bien à l'autre tout en gardant le même niveau d'utilité* » (Beitone et al, 2013 :922). Lors d'une grève dans une entreprise donnée, la production s'arrête et les biens produits ne tarderont pas à devenir rares sur le marché, à moins qu'elle ne dispose d'un stock important. Dans tous les cas de figure, cela ne peut pas durer très longtemps. Si la raréfaction du bien persiste, le consommateur cherchera une alternative en optant pour un autre bien produit par une autre entreprise.

Les concurrents peuvent profiter de cette période pour rendre leurs produits non seulement plus disponibles, mais aussi plus attrayants. En d'autres termes, ils prennent des parts de marché. Certains consommateurs peuvent se voir obliger de choisir un autre produit que celui utilisé d'ordinaire en raison de la rupture de stock résultant du conflit dans l'entreprise qui produit celui dont ils ont l'habitude de consommer.

C'est une situation que redoute tout employeur. Plus les producteurs sont nombreux, plus la concurrence est rude[10] ;

---

10- En théorie, la concurrence est difficile voire irréalisable. Les économistes parlent de concurrence pure et parfaite pour désigner cette situation. Elle comporte cinq points : (i) l'homogénéité qui veut que tous les biens soient identiques pour que le consommateur puisse faire un choix indépendamment c'est un grand moyen de pression pour les syndicalistes. Cependant, il arrive que les entreprises s'entendent et forment des cartels. Dans ce cas, les autres auront tendance à soutenir celle en conflit au lieu de chercher à en profiter ; même si c'est le cas, elles le feront dans des proportions limitées. Il est aussi intéressant d'identifier les associations des consommateurs qui pourront intensifier les campagnes lors de la grève en cas d'échec des négociations. Elles peuvent, par leurs canaux et relais, faire connaître à l'opinion les conditions de production, de vie et de travail des salariés de l'entreprise.

Mais, il s'agit, ici, d'un couteau à double tranchant. Si les concurrents glanent assez de parts de marché subséquemment à la grève, l'entreprise connaîtra certainement des difficultés économiques qui se répercuteront inéluctablement sur les salariés. C'est donc avec perspicacité que les syndicats doivent mener leurs actions de collecte de données sur l'employeur ; ils doivent aussi prendre des précautions en ce qui concerne la diffusion de ces informations. L'autre chose intéressante à savoir pour les syndicats, est la situation politique et socio-économique du pays.

---

de toute autre considération ; (ii) l'atomicité qui demande qu'il y ait une multiplicité d'acteurs (vendeurs et acheteurs) de petite taille afin d'éviter que de trop grandes entreprises ne biaisent le marché et conduisent à des monopoles ; (iii) la transparence du marché veut que les prix des biens soient connus de tous et éviter ainsi qu'ils ne soient manipulés par d'autres en dehors du marché ; (iv) la liberté d'entrer et de sortir permettant d'ériger les barrières et de recourir au protectionnisme pour protéger son marché ou écarter des concurrents ; (v) la mobilité des facteurs de production (les hommes, les matières premières, les outils, les techniques, etc.) pour éviter de biaiser et manipuler le marché (Denis et Martinet, 2016).
Dans les faits, ces règles sont constamment violées et le marché ressemble plus à une jungle qu'un espace codifié régi par des normes applicables à tous.

### 1.3. La situation économique du pays

La situation économique du pays doit préoccuper les syndicats avant toutes choses lors de la préparation de la négociation. Elle se fait à deux niveaux : l'analyse conjoncturelle et l'analyse structurelle. Il s'agit de procéder à l'analyse des comptes nationaux qui « ... *donnent une représentation chiffrée détaillée de l'économie. Ils servent aussi bien à l'analyse conjoncturelle qu'à l'analyse macro-économique* » (Beitone, 2013 :173). L'analyse conjoncturelle concerne le court terme, c'est-à-dire environ de deux ans ; elle s'intéresse à « ... *l'état de l'économie à un moment donné* » (Silem et al., 2018 :869) et porte sur les variables suivantes :

- le taux de croissance du PIB ;
- l'évolution de l'indice des prix ;
- le nombre de demandeurs d'emploi ;
- le taux de chômage ;
- le niveau et l'évolution de la production industrielle ;
- l'état de la balance commerciale ;
- les investissements des entreprises ;
- etc.

L'analyse macroéconomique porte sur le long terme, c'est-à-dire au-delà de deux ans et concerne les variables structurelles (Silem et al., 2018) et les fondements même de l'économie. Il s'agit entre autres des variables suivantes :

- le taux de chômage ;
- le taux d'inflation ;
- l'espérance de vie à la naissance ;
- l'emploi par secteur économique ;
- le nombre de brevets déposés par an ;
- les dépenses de recherche et développement ;

- la part des différentes sources de production énergétique ;
- le nombre de jeunes diplômés ;
- la productivité du travail ;
- etc.

Ces variables, qu'elles soient conjoncturelles ou structurelles, influent directement ou indirectement sur le fonctionnement de l'entreprise. Prenons l'exemple du taux de chômage qui est lié au coût de la main-d'œuvre. S'il est bas, cela veut dire qu'il y a une raréfaction de la force de travail ; et selon la loi de l'offre et de la demande, le coût devrait augmenter. Pour les syndicats, cela signifie que si les négociations se soldent par un échec et qu'une grève s'en suit, l'employeur n'aura pas la facilité de licencier les grévistes pour les remplacer par d'autres travailleurs. Inversement, si le taux de chômage est élevé, cela veut dire que les grévistes peuvent être remplacés plus facilement. Ce qui met l'employeur dans une position plus confortable lors des négociations.

Ces indicateurs permettant l'analyse de la situation économique du pays sont importants, car ils peuvent servir d'arguments solides à l'employeur si les syndicats ne maîtrisent pas les termes économiques qu'il peut utiliser. Prenons un autre exemple : la croissance du Produit Intérieur Brut (PIB). C'est un indicateur conjoncturel qui mesure l'accroissement ou la baisse des richesses d'un pays au cours d'une période donnée. Si cet indicateur est élevé, c'est dire que le pays se porte bien économiquement et les syndicats peuvent prétendre à une redistribution plus juste des richesses produites. En revanche, s'il est faible, c'est un argument que peut brandir l'employeur pour montrer que le contexte général est défavorable à une telle redistribution.

Mais par essence, le langage économique est « ésotérique » et ne s'offre pas facilement au nouveau venu. Des syndicalistes n'ayant pas reçu de formation dans cette discipline seront défavorisés face à un employeur qui est non seulement capable de le comprendre, mais aussi de se faire assister d'experts dans ce domaine. Les syndicats ne devront pas hésiter, à juste titre, à se faire également assister de sachant en économie avant ou pendant les négociations si nécessaire.

En plus de l'analyse conjoncturelle et macroéconomique du pays, les syndicats doivent également s'intéresser aux plans de développement initiés par le gouvernement. En Côte d'Ivoire, depuis une dizaine d'années, le Ministère du plan rédige des plans triennaux ou quinquennaux pour conduire ses politiques de développement. Le dernier en date est le plan quinquennal 2016-2020[11] publié en trois tomes. Il trace toutes les priorités du gouvernement ainsi que tous ses programmes au cours des cinq années.

Ce document peut servir de guide aux syndicats pour comprendre éventuellement la position du gouvernement dans un conflit avec un employeur. À titre d'exemple, analysons le tableau suivant tiré du tome 3, en l'occurrence la matrice d'action prioritaire et l'axe stratégique 3 intitulé « Accélération de la transformation structurelle de l'économie par l'industrialisation » :

11- Un autre plan quinquennal 2021-2025 a été élaboré, mais l'exemple fourni ici reste encore pertinent.

**Tableau 8 : Extrait de la matrice prioritaire, Axe stratégique 3**

| | Résultats escomptés | Indicateurs |
|---|---|---|
| **Impact 1** | L'environnement des affaires est attractif et l'économie est compétitive | Doing business (Rang et score) : (Base= ; Cible=) |
| **Effet 1** | Le cadre opérationnel des affaires est amélioré | Taux d'investissements privés |
| **Extrant 1.1** | Le cadre incitatif d'affaires pour l'investissement est renforcé | Nombre de création d'entreprises |

Source : Programme national de développement (PND), Tome 3, p56.

Dans ce tableau extrait du PND, il transparaît objectivement qu'améliorer le climat des affaires est une priorité du gouvernement au cours de la période de référence (Impact 1). Il veut améliorer non seulement son rang, mais également son score. Or, parmi les indicateurs permettant de donner le rang et déterminer le score, on trouve la régulation du marché de l'emploi ; cet indicateur se mesure par la flexibilité dans la réglementation du travail et les aspects de la qualité du travail (Banque Mondiale, 2018). Et pourtant, la flexibilité dans la réglementation du travail renvoie à la :

- facilité de recruter de la main-d'œuvre ;
- facilité de licenciement ;
- limitation du droit de grève ;
- complexification des procédures de la grève ;
- etc.

Notons que les notes de *Doing* Business sont inversement proportionnelles aux conditions de vie et de travail des salariés. Autrement dit, plus la note est élevée, mieux le pays est classé, moins les droits des travailleurs sont respectés. Inversement, plus la note est faible et le pays mal classé, alors plus les droits des travailleurs sont respectés. Ce document n'est donc pas favorable aux travailleurs.

Lorsque le gouvernement le considère pourtant comme une boussole pour aller au développement, il va sans dire qu'elle va favoriser les entreprises. Dans notre cas ici, il compte améliorer le taux d'investissements privés (Effet 1) et favoriser la création d'entreprises (extrant 1.1). Dans ces conditions, il n'est pas illusoire d'avancer que le gouvernement voudra nier les conflits sociaux ; et même s'ils surviennent, il tentera de montrer qu'il s'agit de faits mineurs pour éviter de faire fuir les capitaux privés et voir ainsi son score et son rang chuter. Les plans et programmes de développement initiés par le gouvernement peuvent influer, de ce fait, indirectement sur l'issue des négociations. À travers l'analyse de ces plans du gouvernement, les syndicats doivent comprendre à quoi s'attendre lors des discussions et éventuellement en cas d'échec des négociations.

L'analyse de la situation révèle les éléments à prendre en considération. Qu'en est-il de la situation politique ?

### 1.4. La situation politique

En ce qui concerne la situation politique du pays, les syndicats devront identifier la nature du régime politique, l'idéologie du parti au pouvoir, les partis politiques d'opposition, la société civile, et le niveau de corruption.

#### 1.4.1. Le niveau de démocratie

Pourquoi est-il important pour les syndicats d'évaluer le niveau de démocratisation d'un pays avant la négociation ? Avant de répondre à cette question, intéressons-nous au niveau des démocratisations de la Côte d'Ivoire. Les pays africains pour la plupart redécouvrent la démocratie, en tant qu'État souverain, au début des années 1990 à la suite de la chute du mur de Berlin consacrant la victoire du bloc Occidental sur celui de l'Est.

En ce qui concerne les pays d'Afrique francophones, dont la Côte d'Ivoire, c'est à l'occasion de la conférence de Baule en juin 1989 sous l'égide de la France qu'ils se voient imposer la démocratie en échange d'aide au développement. Mais depuis cette période, très peu de pays sont parvenus à s'approprier la démocratie (Appiah et Amalaman, 2016).

La Côte d'Ivoire qui avait connu une relative stabilité pendant les trente années ayant suivi son indépendance, connaît son premier coup d'État à la fin des années 1990. À partir de 2002, c'est une crise militaro-politique qui débute et qui se termine en avril 2011 avec la chute du Président Laurent Gbagbo et la victoire d'Alassane Ouattara soutenu par la communauté internationale. L'arrivée au pouvoir de ce dernier ne consacre pourtant pas une émergence de la démocratie. Des organisations de défense des droits de l'homme comme Amnesty International ont, à maintes reprises, décrié les méthodes utilisées par ce pouvoir pour tenir en liesse le camp de Laurent Gbagbo, c'est-à-dire les vaincus (Amnesty International, 2011 ; 2013).

Il existe à ce jour, très peu d'outils permettant d'évaluer le niveau de démocratisation d'un pays. Mais l'indice de démocratie peut nous y aider. C'est un indicateur construit par des journalistes du magazine britannique The Economist pour tenter de mesurer le niveau de démocratisation de plus de 160 pays dans le monde depuis 2006 :

> *« L'indice de démocratie de The Economist Intelligence Unit, sur une échelle de 0 à 10, est basé sur les notes de 60 indicateurs, regroupés en cinq catégories : processus électoral et pluralisme ; libertés civiles ; le fonctionnement du gouvernement ; participation politique ; et la culture politique.*

*Chaque catégorie a une note sur une échelle de 0 à 10, et l'indice global est la moyenne simple des cinq indices de catégorie » (The Economist Intelligence Unit, 2017 : 63).*

La moyenne permet d'établir une classification en quatre types de pays selon le tableau suivant :

**Tableau 9 : La répartition du type de pays selon la note**

| | Type de démocratie | Note |
|---|---|---|
| 1 | Démocraties complètes | Supérieure à 8 |
| 2 | Démocraties déficientes | Supérieure à 6 et inférieure ou égale à 8 |
| 3 | Régimes hybrides | Supérieure à 4 et inférieure ou égale à 6 |
| 4 | Régimes autoritaires | 0-4 |

Source : *The Economist Intelligence Unit, 2023, p66.*

À quoi renvoie cette typologie de la démocratie ? Le rapport de The Economist Intelligence Unit nous donne les définitions suivantes :

1. **les démocraties complètes**

   Ce sont des pays dans lesquels les libertés fondamentales et les libertés civiles sont respectées avec une culture politique favorisant l'épanouissement de la démocratie. Le gouvernement fonctionne de façon satisfaisante et il existe des mécanismes de contre-pouvoir permettant de freiner les ardeurs des dirigeants. La justice y est indépendante ;

2. **les démocraties imparfaites**

   Ce sont des pays présentant les mêmes caractéristiques que la démocratie complète. Cependant, il existe des atteintes à la liberté des médias et des faiblesses au niveau de certains aspects de la démocratie ;

3. **les régimes hybrides**

   Les processus électoraux sont émaillés de nombreuses irrégularités entachant ainsi la crédibilité des différents scrutins. Ces régimes sont caractérisés par une faiblesse de la liberté d'expression, de la culture politique, du fonctionnement de la participation gouvernementale et politique. On note également un niveau élevé de la corruption et un faible recours au droit comme mode de règlement des conflits sociaux, économiques et politiques. Les médias et les systèmes judiciaires sont rarement indépendants.

4. **les régimes autoritaires**

   Ces pays sont caractérisés par une absence ou une limitation du pluralisme politique. Les institutions traduisant l'expression de la démocratie peuvent exister, mais le fonctionnement laisse à désirer. Les libertés civiles et politiques ne sont pas respectées ; les médias et la justice sont contrôlés par l'État ou de proches des dirigeants. Les manifestations politiques et sociales ne sont pas tolérées ou sont réprimées à moins qu'elles ne soient à l'initiative du gouvernement (The Economist Intelligence Unit, 2017 : 64).

De ce qui précède, dans quelle catégorie peut-on situer la Côte d'Ivoire ? Le graphique suivant peut nous aider :

**Graphique 2 : Évolution du niveau de démocratisation de la Côte d'Ivoire de 2006 à 2023**

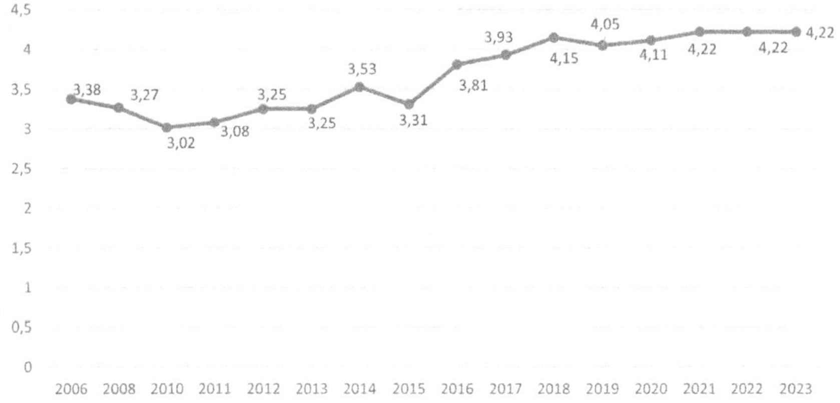


Source : *The Economist Intelligence Unit, 2023, 21.*

Les données du graphique 2 indiquent que la Côte d'Ivoire a obtenu à partir de 2018 une note supérieure à 4. Ce qui veut dire qu'elle est passée d'un régime autoritaire à un régime hybride autoritaire durant la période de référence. Cela nous amène à répondre à notre question de départ à savoir : pourquoi est-il important pour les syndicats d'évaluer le niveau de démocratisation des pays avant la négociation ? Cette information permet aux leaders syndicaux d'anticiper sur les actions envisageables du gouvernement en cas d'échec des négociations et éventuellement d'une grève.

Si un pays a une démocratie complète caractérisée par l'expression des libertés publiques et de la liberté syndicale, il va sans dire que les travailleurs sont autorisés à manifester, à mener librement des campagnes pour attirer l'attention de l'opinion et conduire librement leur grève sans être inquiétés dès lors que les négociations arrivent à échouer. En revanche, un régime autoritaire ou hybride privilégiera nécessairement la répression des travailleurs en cas d'insuccès des négociations et possiblement un recours à la grève. C'est pour cette raison qu'ils devront impérativement s'informer sur le niveau de démocratisation du pays avant de mener des négociations.

### 1.4.2. La liberté syndicale

Il est certain que le rapport de *The Economist Intelligence Unit* donne des informations utiles sur le niveau de démocratisation du pays. Cependant, il ne traite pas suffisamment de la liberté syndicale. En effet, sur les 60 critères retenus pour évaluer les pays, un seul concerne les syndicats. Il s'agit de la liberté pour les travailleurs de former des organisations syndicales de leur choix et des restrictions concernant l'exercice des activités syndicales. Les travailleurs peuvent donc se tourner vers le rapport du comité syndical. C'est un rapport publié de façon périodique par le Comité de la Liberté Syndicale (CLS) du Bureau International du Travail (BIT) depuis 1951.

Ce rapport répertorie toutes les plaintes déposées par les organisations syndicales dans les différents pays membres de l'organisation. Il présente d'abord la plainte déposée par les travailleurs. Il note ensuite les différentes étapes du règlement du conflit avant de donner ses conclusions et formuler, enfin, des recommandations pour le règlement définitif du différend. L'analyse de ce rapport, au cours des cinq ou dix dernières années, peut offrir une meilleure appréciation en ce qui concerne le respect de la liberté syndicale par les entreprises et le gouvernement du pays.

Les syndicats pourront compléter cette analyse avec le rapport sur la violation de droits syndicaux publiés chaque année par la Confédération Syndicale Internationale (CSI). Elle rapporte tous les cas de violation de liberté syndicale dans les pays où elle a des membres affiliés. Les données sont disponibles, de façon interactive, sur son site Internet. En outre, la CSI a construit un outil pour mesurer les violations des droits syndicaux : il s'agit de l'indice CSI des droits dans le monde. Il s'appuie sur 97 indicateurs regroupés en cinq parties, notamment (i) les libertés civiles, (ii) les droits de constituer un syndicat ou d'y adhérer, (iii) les activités syndicales, (iv) le droit de négociation collective et (v) le droit de grève.

La compilation de ces indicateurs permet d'attribuer à chaque pays une note comprise entre 1 et 5.

1. ***Violations des droits sporadiques***
   Cette note correspond aux pays où les droits syndicaux sont garantis. En d'autres termes, les travailleurs peuvent constituer des organisations de leur choix ou y adhérer librement. De même, ils sont autorisés à exercer librement le droit de négociation afin d'améliorer les conditions de vie et de travail ;
2. ***Violations réitérées des droits :***
   Dans les pays ayant obtenu cette note, certains droits sont violés de façon répétée par les pouvoirs publics et/ou les entreprises, rendant ainsi difficiles les luttes syndicales dont l'objectif principal est l'amélioration des conditions de vie et de travail des salariés ;
3. ***Violations régulières des droits***
   Cette note traduit des violations régulières des droits des travailleurs par les pouvoirs publics et/ou les entreprises. De plus, ces droits ne sont pas pleinement garantis aux travailleurs. Par la même occasion, la législation en matière de travail rend possibles les violations des droits des travailleurs ;
4. ***Violations systématiques des droits***
   Ici, les droits des travailleurs sont violés de façon systématique par les pouvoirs et/ou les entreprises qui les empêchent d'exprimer leurs droits syndicaux ;

5. ***Les droits ne sont pas garantis***
   Cette note est attribuée aux pays où les droits des travailleurs sont exécrables. La législation en matière de travail n'est pas respectée quand bien même elle reconnaîtrait aux travailleurs certains droits auxquels ils n'ont pas accès.

Par ailleurs la note 5+ peut être attribuée à un pays lorsque, du fait d'un dysfonctionnement lié à un conflit armé ou d'un coup d'État par exemple, les droits des travailleurs régressent pour atteindre une situation similaire à celle d'un pays ayant la note de cinq.

Dès lors, où peut-on classer la Côte d'Ivoire ? Selon la CSI (2023), la Côte d'Ivoire a obtenu la note 3, c'est-à-dire que les droits des travailleurs, notamment les droits de constituer des syndicats et d'y adhérer librement, le droit de mener librement des activités syndicales, le droit de négociation collective et le droit de grève sont régulièrement violés.

L'analyse de toutes les données de ces différents acteurs peut donner une idée plus précise concernant la liberté syndicale en Côte d'Ivoire. Mais, les syndicats pourront évaluer, par eux-mêmes, le respect de la liberté syndicale dans leurs pays à travers une série d'observations. Ils peuvent, à ce sujet, répertorier à travers les décisions de justice, les médias et leurs constatations, le nombre de travailleurs ou de leaders menacés dans l'exercice des activités syndicales. Il en est de même en ce qui concerne la liberté syndicale dans les entreprises. Tout ceci devra les aider à se préparer pour les négociations et hypothétiquement pour une grève.

### 1.4.3. Les partis politiques

Les partis politiques peuvent constituer de puissants alliés ou des adversaires redoutables pour les syndicats lors de conflits. C'est pour cette raison qu'il est pertinent de procéder à une analyse des idéologies des organisations politiques avant les négociations. Cette analyse peut commencer par le parti au pouvoir. S'agit-il d'un parti de gauche ou de droite ? En général, les partis politiques de gauche sont réputés être proches des travailleurs en leur accordant de nombreux avantages sociaux. De même, ils sont reconnus pour leurs grandes capacités de redistribution des richesses produites. Il va sans dire que si un tel parti est au pouvoir, les négociations, même si elles ne sont pas d'office à l'avantage des travailleurs, sont susceptibles de se dérouler dans des conditions optimales ou satisfaisantes.

En revanche, les partis de droite sont des capitalistes, et donc favorables aux employeurs et aux détenteurs des moyens de production. Ils ont une forte capacité de production. Cependant, ils ont une faiblesse congénitale : le refus de la redistribution équitable des richesses produites. En outre, ils initient généralement des réformes favorables à la production et au capital. Si nous avons donc affaire à un tel parti politique au pouvoir, les négociations peuvent s'avérer houleuses, longues et pénibles pour les syndicats. Ce n'est pas une fatalité, mais une forte probabilité.

Tout ceci est à nuancer, car les idéologies ont suffisamment évolué de même que les acteurs qui les animent. Et il devient de plus en plus difficile de tracer une frontière étanche entre droite et gauche dans un pays, car des nouvelles variables clivent les sociétés : l'écologie, la religion, l'immigration, etc. Le clivage gauche-droite est un référent et peut servir de cadre d'analyse aux syndicats. Dans tous les cas de figure, il s'agit de situer le parti au pouvoir par rapport aux travailleurs.

Aussi l'analyse peut-elle concerner les partis politiques de l'opposition. En effet, dans la stratégie de conquête du pouvoir, les partis politiques cherchent, en général, à s'attirer les faveurs des différentes couches sociales, y compris les travailleurs. Il peut donc s'avérer utile pour des alliances en cas d'échec des négociations et éventuellement de grève. Mais à ce niveau, il existe des lignes rouges à ne pas dépasser. En effet, les syndicats autant que les partis politiques, sont traversés par des idéologies qui sont parfois incompatibles. On pourrait donc trouver aberrant que des syndicats très marqués à gauche, par exemple, se retrouvent avec des partis politiques de droite incarnant parfois le paroxysme du libéralisme.

Ceci peut constituer une alliance contre nature qui pourrait nuire non seulement à la réputation des syndicats, mais aussi à leur évolution. C'est pourquoi une alliance de ce genre devra se faire après une analyse minutieuse du contexte et de la situation qui prévaut dans le pays. Les syndicats devront se poser la question suivante : cette alliance est-elle nécessaire ? Quelles peuvent être ses effets sur les négociations à venir ? Quel peut être son impact sur la vie et le fonctionnement du syndicat ? La réponse à ces questions peut aider à envisager ou non les alliances avec un parti politique dont le syndicat ne partage pas l'idéologie.

En plus des partis politiques, les syndicats peuvent se tourner vers la société civile.

### 1.4.4. La société civile

Ces dernières années, les Organisations de la Société Civile (OSC) se sont multipliées et ont diversifié leurs activités en Côte d'Ivoire. Sous plusieurs rapports, les thèmes abordés par ces organisations rejoignent les préoccupations des travailleurs.

En effet, la lutte contre les effets pervers de la mondialisation menée par les organisations altermondialistes par exemple est la continuité de celle des travailleurs dans une autre sphère de la société. C'est pourquoi une alliance entre ces organisations et les syndicats constitue une alliance stratégique lors de la préparation des négociations.

Dans plusieurs pays, de telles alliances ont montré leur efficacité. En ce qui concerne le Canada, Brayden et Soule (2007) ont montré que les résistances aux politiques néo-libérales ont une plus grande probabilité de succès lorsqu'elles sont initiées par des organisations syndicales. Ils suggèrent, en outre, qu'elles prennent la forme de mouvements sociaux organisés, c'est-à-dire impliquant des syndicats, des ONG, des organisations communautaires de base, etc., regroupés au sein d'organisations formelles, structurées capables de formuler et proposer des alternatives afin de remettre en question les politiques néo-libérales affectant la fourniture de services publics jugés vitaux, notamment dans les secteurs de l'eau, de l'électricité et de la santé (Spronk et Terhorst, 2012).

En Côte d'Ivoire, l'analyse d'Appiah (2008) a montré que les Organisations de la Société Civile (OSC) sont confrontées à d'énormes difficultés. Il s'agit entre autres du cadre juridique inapproprié et de la dépendance financière. En ce qui concerne le cadre juridique inapproprié, disons que la loi régissant les OSC en Côte d'Ivoire remonte en 1960. C'est la Loi numéro 60-315 du 21 septembre 1960 relative aux associations. Elle est, de façon indifférenciée, la même pour toutes les associations. Et pourtant l'environnement politique économique et social de la Côte d'Ivoire a beaucoup évolué. Cette loi est aujourd'hui caduque et ne répond plus, de façon adéquate, aux préoccupations de la société civile.

Pour ce qui est de la dépendance financière, ces organisations dépendent fortement de ce qu'on regroupe sous la dénomination de Partenaires Techniques et Financiers (PTF) incluant les gouvernements étrangers ; les agences bilatérales et multilatérales de développement, les agences du système des Nations unies, les ONG et les fondations internationales. D'abord, l'on parle de Partenaire parce qu'il est supposé avoir une collaboration d'égal à égal ; ensuite, on parle de Techniques parce que ces derniers viennent avec leurs méthodes de travail, les thématiques à aborder et les problèmes à résoudre et enfin, on parle de financiers parce qu'ils fournissent l'essentiel des revenus des organisations de la société civile ivoirienne.

Dans ces conditions où des acteurs extérieurs déterminent les champs d'activité et contribuent fortement à ce qui concerne les revenus des OSC, il est difficile de parler non seulement d'un partenariat, mais aussi d'une véritable société civile en Côte d'Ivoire. En s'appuyant sur les expériences réussies au Canada ou ailleurs, les syndicats peuvent apporter un appui à ces organisations en les aidant à s'organiser, à se structurer, à mobiliser des ressources financières et à organiser des campagnes en vue de parvenir à une réelle autonomie de ces organisations. Elles deviendraient ainsi des partenaires avec lesquels les syndicats pourront nouer des alliances pour des actions communes.

### 1.4.5. Le niveau de corruption

Le niveau de corruption dans un pays peut également être une information capitale à collecter dans le cadre de la préparation des négociations. La corruption est, en général, définie comme un abus des services ou biens communs à des fins personnelles. Elle est présente sur tous les continents et varie en fonction des cultures, de l'organisation administrative, de l'organisation politique, etc. Elle n'est pas sans dommage sur les économies, les politiques et même sur le niveau de vie des populations. Elle « *...entrave la croissance économique, décourage l'investissement privé étranger... Elle affecte la situation des pauvres en refusant l'accès des services publics sans pot-de-vin.* » (Jacquemot, 2005 : 165). Parfois, elle s'institutionnalise au point de devenir la norme, remettant ainsi en question la structure de l'État. Ce phénomène est global et affecte autant les pays riches que les pays pauvres, aussi bien les grandes que les petites entreprises, etc.

Par conséquent, de nombreuses mesures ont été prises pour limiter les actions néfastes de ce phénomène. En 1997, les pays de l'Organisation de coopération et de développement économiques (OCDE) ont adopté une convention qui vise à lutter contre la corruption d'agents publics étrangers. De même, en 2003, les Nations Unies ont adopté une convention contre la corruption. Aussi des ONG sont-elles nées pour soutenir ces différentes initiatives. Justement, *Transparency International*, par exemple, consacre régulièrement un rapport à la corruption dans le monde et dresse un classement de la corruption dans le monde. Dans cette perspective, de nombreuses agences de développement en font un préalable à l'aide au développement.

En Afrique où ce phénomène est beaucoup plus néfaste pour les économies déjà précaires, des mesures ont également été prises. En 2003, les États africains regroupés au sein de l'Union Africaine (UA) ont adopté une convention sur la prévention et la lutte contre la corruption. Au niveau sous régional des organisations, notamment la Communauté de Développement d'Afrique Australe (CDAA) et la Communauté économique des États de l'Afrique de l'Ouest (CEDEAO) ont adopté des protocoles pour renforcer ce dispositif législatif.

Au niveau national, des commissions, des secrétariats, etc. ont été créés pour lutter contre la corruption. Sur le plan économique, les structures et les codes des passations des marchés publics sont revus et réorganisés afin de promouvoir la bonne gouvernance et lutter contre la corruption. Au niveau politique, des commissions électorales indépendantes sont créées pour limiter la corruption.

En dépit des mesures prises çà et là, la corruption perdure au point de compromettre tous les efforts faits pour sortir ce continent du sous-développement. En effet, ce cadre législatif et institutionnel mis en place dans de nombreux États africains a très peu d'impact sur la corruption (Jacquemot, 2005 ; Valée, 2006), de sorte qu'au « *hit-parade* » des États les plus corrompus, les pays africains occupent des places très confortables, quelle que soit la base d'appréciation utilisée. Ce triste palmarès est renforcé par les dénonciations par la presse, les opérateurs économiques, les investisseurs étrangers et les populations qui en sont les victimes. Ce qui a pour corolaire des comportements fragilisant l'État (Banque Mondiale, 1997).

Et pourtant, la corruption pourrait représenter autre chose. C'est ce que note Rocard (2003). Selon lui, l'occident assimile « *vite* » la persistance de certaines pratiques précoloniales à la corruption. Jacquemot (2005), dans le cas du Kenya, parvient au même constat non sans avoir montré que la corruption y est traitée sur une base morale, tandis que les institutions internationales la traitent selon une approche phénoménale et dogmatique, occultant ainsi l'approche systémique. Selon lui, la corruption est le produit du système clientéliste qui n'est rien d'autre qu'une mutation des sociétés africaines.

Cette dernière approche de la corruption est renforcée par Olivier De Sardant (1997) qui montre qu'elle (la corruption) ne dépend pas de la nature de l'État. Il fait, d'ailleurs, remarquer que chaque type de régime connu en Afrique a développé sa propre forme de corruption. Mais, il a noté que la corruption est la résultante de pratiques et normes africaines partagées par les différents acteurs et groupes sociaux. Ces pratiques sont actualisées pour répondre à des besoins nouveaux, posés par la modernisation des sociétés africaines en s'appuyant sur des logiques répandues sur le continent.

Quoi qu'il en soit, la corruption est nuisible à tous, y compris les travailleurs et leurs syndicats. En effet, dans un pays où la corruption est largement partagée, acceptée et même assumée, l'employeur qui dispose d'énormes ressources peut s'attirer facilement les services et les faveurs des responsables de l'administration du travail, des institutions judiciaires et même du gouvernement. De même, il peut stipendier certains leaders syndicaux et/ou des responsables des autres syndicats pour biaiser les négociations à son avantage.

Que ce soit en Côte d'Ivoire ou ailleurs, il existe très peu d'outils permettant d'évaluer le niveau de corruption dans le pays. Mais comme mentionné plus haut, l'organisation *Transparency international* publie, de façon périodique, un rapport pour classer les pays en fonction du niveau de corruption. L'indicateur utilisé, à cet effet, est l'Indice de Perception de la Corruption (IPC). Après de nombreux calculs provenant de différentes sources, l'organisation attribue à chaque pays une note comprise entre 0 et 100. Dans cette dynamique, zéro traduit le niveau de corruption perçue le plus élevé, tandis que 100 signifie le niveau de corruption perçue le plus bas. Qu'en est-il alors de la Côte d'Ivoire ? Le graphique suivant nous aide à répondre à cette question :

**Graphique 3 : L'évolution du niveau de corruption en Côte d'Ivoire de 2012 à 2023**

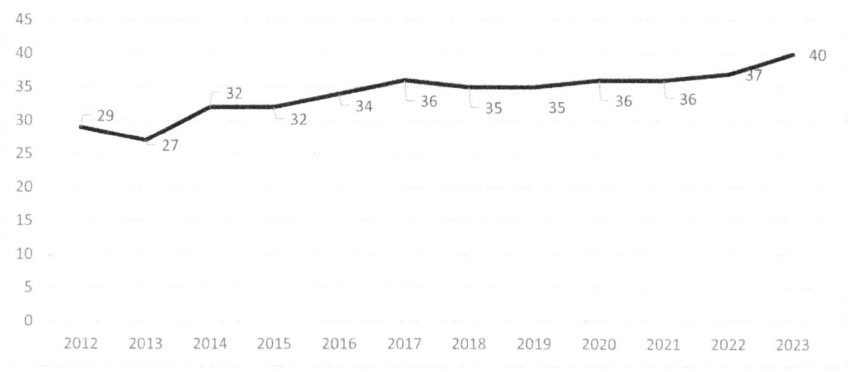


Source : Transparency International, 2023.

Les données du graphique 3 indiquent que les notes de la Côte d'Ivoire se situent entre 29 et 37 sur la période 2012 à 2022. Si l'on s'en tient aux critères de classement de l'organisation *Transparency international*, on peut conclure que ces notes sont suffisamment faibles pour dire que le niveau de corruption perçue en Côte d'Ivoire est élevé, même si on note une évolution positive au cours de la période de référence.

Cet indicateur peut s'avérer pertinent pour se faire une idée sur le niveau de corruption en Côte d'Ivoire. Les syndicats pourront donc s'en référer lors de la préparation de la négociation. En outre, ils devront compléter leurs recherches dans ce domaine par des observations dans les différents services publics et autour d'eux et évaluer par eux-mêmes le niveau de corruption dans le pays. Après la collecte de l'information vient l'analyse du problème.

## 2. L'ANALYSE DU PROBLÈME

L'analyse du problème consiste à identifier les causes structurelles à l'origine du conflit latent ou manifeste, à ressortir ensuite ses dimensions, et enfin ses manifestations.

### 2.1. Les causes structurelles

Les causes structurelles sont celles qui permettent d'expliquer réellement les conflits. Elles sont diverses ; mais à titre d'exemple, nous nous focaliserons sur la production et la culture.

#### 2.1.1. La production

Les problèmes liés à la production sont véhiculés par les thèses marxistes et portent essentiellement sur la distribution des richesses. Autrement, il s'agit d'une redistribution plus ou moins équitable de la plus-value. Pour s'adapter à son environnement, l'employeur tente d'apporter des modifications totales ou partielles dans l'entreprise afin de limiter les pertes potentielles. La chose la plus simple à faire, consiste à jouer sur le facteur de production le plus « faible » : le travail. Il va sans dire que ce sont les salaires, les primes, les accessoires de salaire, les avantages sociaux, etc. qui sont visés. Plus concrètement, il s'agit de réduire ou supprimer la part de richesses des travailleurs et d'accroître celle du capitaliste.

#### 2.1.2. La culture

En ce qui concerne la culture, les problèmes se réfèrent au mode de pensée et d'agir des employeurs et/ou des travailleurs en référence à leur groupe d'appartenances respectives. Ils reposent en grande partie sur l'analyse de Follet (1924). De fait, ayant des trajectoires sociales et une éducation différenciée dans la plupart des cas, ces groupes sociaux (employeurs et travailleurs) ne perçoivent pas la réalité sociale de la même façon. Dans un environnement conflictuel comme l'entreprise, les façons d'agir d'un groupe donné sont interprétées par l'autre comme un affront à laver ou un défi à relever. Ici, on peut ranger tous les problèmes qui ne sont pas liés à la production, mais aux pratiques des différents acteurs en vue d'atteindre des objectifs spécifiques.

## 2.2. Les dimensions

Les causes structurelles des conflits (production et culture) se déclinent en plusieurs dimensions notamment politique, juridique, économique et psychosociale.

### 2.2.1. La production

En ce qui concerne la production, la dimension politique concerne les actions d'un gouvernement visant à réguler la production. Elle peut prendre la forme d'un plan ou de mesures sectorielles dans le cadre de son processus de développement en vue d'améliorer la croissance ou ajuster ses structures économiques.

Le gouvernement en question sera amené à élaborer un corpus juridique pour atteindre ses objectifs. Visiblement, la dimension juridique de la production implique un ensemble de lois comme le Code du Travail ou le Code des investissements en vue de réguler la production. La pratique de ces lois, règlements et mesures, engendre nécessairement des frictions entre employeurs et travailleurs qui vont se traduire par des conflits. En effet, dans les entreprises, l'application de ces mesures aura une incidence sur la redistribution des richesses. C'est la dimension économique de la production.

Les lois peuvent déterminer le taux et les montants à verser au travailleur pour telle ou telle prestation. Mais dans l'application, cela peut s'avérer difficile pour l'employeur ; ce qui aura pour conséquence d'engendrer inévitablement des conflits. Par ailleurs, ces lois ne sont pas en mesure de tout prévoir et laissent ainsi des vides juridiques qui peuvent aussi susciter des conflits. Aussi ces lois peuvent-elles autoriser l'employeur à apporter des modifications dans le procès de production qui auront des incidences sur la redistribution des richesses, toute chose qui peut être source de conflits.

### 2.2.2. La culture

Au niveau de la culture, les dimensions sont d'ordre politique, juridique et psychosocial. Quant à la dimension politique, disons qu'un gouvernement peut initier une politique conduisant à des mesures plus ou moins objectives en se fondant sur des critères culturels pour réguler la production. Ces critères peuvent être la race, le genre, la nationalité, etc. Dans un passé récent, nous avons connu des pays ayant adopté la race comme critère pertinent pour déterminer les rapports sociaux de production. Le cas des États-Unis d'Amérique et de l'Afrique du Sud respectivement sous la ségrégation raciale et le régime de l'apartheid sont tangibles. En réalité, la race ayant permis de catégoriser les travailleurs en deux groupes (noir et blanc) avec des salaires et des avantages sociaux différents constitue, ici, des exemples illustratifs de cette dimension.

Le genre est également un élément pertinent dans ce cas-ci. Dans de nombreux pays aujourd'hui encore, il existe des inégalités entre hommes et femmes en milieu professionnel. Il arrive que pour le même travail effectué, les femmes soient moins rémunérées. Il se peut aussi qu'elles soient sous employées dans de nombreux secteurs d'activité. Au niveau de l'imposition, les femmes en Côte d'Ivoire, du fait de leur genre, pouvaient être amenées à payer plus que l'homme. C'est ce que souligne Fiendé (2008) :

> *« ... si le mariage permet de rabaisser le taux de l'impôt de l'homme, il n'en est pas de même pour la femme. L'homme marié paie moins d'impôts que l'homme célibataire. La femme mariée, par contre, paie le même impôt que lorsqu'elle était célibataire » (Fiendé, 2008 : 149).*

Au-delà de la race et du genre, il existe bien d'autres critères subjectifs que les gouvernements peuvent mettre en avant pour discriminer certaines catégories de travailleurs, que ce soit à l'entrée dans un secteur d'activité, au cours de la production ou même en ce qui concerne les rémunérations et autres avantages liés au travail. Pour leur donner un caractère légal, ces gouvernements élaborent des lois pour formaliser ces discriminations (dimension juridique).

Que ce soit aux États-Unis lors de la ségrégation raciale, ou en Afrique du Sud sous le régime de l'apartheid, les discriminations entre travailleur noir et blanc étaient codifiées. Pour ce qui est du genre en Côte d'Ivoire, comme l'a souligné Fiendé (2008), cette discrimination entre hommes et femmes devant l'impôt faisait l'objet d'une loi.

La dimension psychosociale de la culture se rapporte à l'affirmation et à la légitimation des référents identitaires d'un groupe social ou d'un acteur donné. Ici, on peut ranger l'employeur qui, sous le prétexte d'une réorganisation de tout ou d'une partie de l'entreprise, tente d'imposer son style de management. Lequel style rencontre des oppositions conduisant à des conflits. C'est également le cas d'une organisation syndicale qui, dans une quête identitaire, cherche à se positionner parmi d'autres syndicats ou envers l'employeur. On peut mettre dans ce registre le leader syndical qui, pour les mêmes raisons, entraîne ses militants dans un conflit.

Cet aspect est rarement visible, car les acteurs tentent toujours de donner un caractère légal et légitime à leurs actions (Pareto, 1963). Ils mobilisent ainsi des concepts, des termes, des règles ou même des faits pour justifier leurs actions. Et pourtant, au-delà de ces actions se cachent une quête d'identité qui est le reflet de leur personnalité, de leur trajectoire, de leur expérience, en un mot de leur environnement culturel. C'est bien pour cette raison qu'il convient de faire beaucoup attention en ce qui concerne l'analyse de la dimension culturelle d'un problème, car elle peut être masquée par des problèmes liés à la production.

### 2.3. Les manifestations

Il s'agit, ici, de répondre à la question suivante : comment ces aspects théoriques, notamment les causes structurelles et les dimensions se traduisent concrètement dans les faits ?

#### 2.3.1. La production

Sans que cela ne soit exhaustif, on peut avoir les situations suivantes :

- décision politique réellement défavorable aux travailleurs ;
- adoption de lois réellement défavorables aux travailleurs ;
- réorganisation totale ou partielle de l'entreprise liée à l'environnement socio-économique :

- inflation ;
- hausse des coûts des matières premières ;
- catastrophes naturelles ;
- concurrence ;
- innovations ;
- adoption de nouvelles technologies ;
- etc.

- fermeture totale ou partielle pour cause de délocalisation ;
- diminution et/ou réduction des revenus (salaires, primes, etc.) ;
- licenciement pour motif économique ;
- etc.

### 2.3.2. La culture

En ce qui concerne la culture, on peut avoir les situations suivantes :

- les décisions politiques prises en référence à des critères subjectifs[12]
- adoption de lois basées sur des critères subjectifs :
- les décisions en entreprises prises en référence à des critères subjectifs.

Il n'existe pas de cloison étanche entre production et culture lors de l'analyse du problème. En effet, un problème lié à la production peut avoir des implications culturelles et inversement. Par exemple, un gouvernement de droite qui adopte une politique visant à booster la croissance économique en réduisant le coût du travail le fait en raison de ses référents idéologiques, donc culturels. Il en est de même pour un

12- Les critères subjectifs sont entre autres la race, le genre, la nationalité, le groupe social, etc.

gouvernement de gauche qui adopte des mesures visant à améliorer les conditions de vie et de travail de la classe ouvrière, augmentant ainsi les charges sociales des employeurs qui peuvent être amenés à exprimer une opposition plus ou moins forte. Le schéma 3 ci-dessous résume l'analyse du problème lors de la préparation des négociations.

**Schéma 3 : L'analyse du problème**

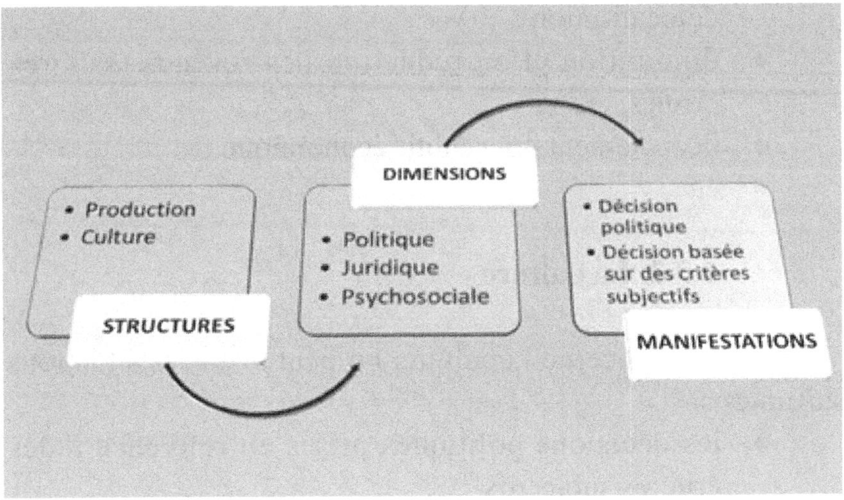


Source : Analyse de l'auteur

Il convient de noter que les conflits ont des causes immédiates, c'est-à-dire celles qui engendrent directement l'affrontement. En général, il s'agit de facteurs reposant sur les causes structurelles puisque dans certains cas, ces mêmes raisons ne conduisent pas au conflit. Il ne s'agit pas, ici, de nier ou de minimiser leur importance. Nous soulignons simplement qu'ils sont des effets et non des causes.

Après l'analyse du problème, il est nécessaire de s'intéresser à l'approche juridique du conflit consignée dans les lois en vigueur, car c'est une étape obligatoire avant d'entrer en grève.

# CHAPITRE 4

# L'APPROCHE JURIDIQUE DE GESTION DES CONFLITS PROFESSIONNELS

Avant les négociations, il est important pour les syndicats de mobiliser une documentation fournie concernant la législation sociale, les institutions promouvant le dialogue social ainsi que les procédures de la négociation (individuelles et collectives). Ces aspects seront largement explicités dans les sections suivantes. Par ailleurs, il est présenté ci-dessous les éléments à mobiliser au niveau juridique, car il est capital de maîtriser la procédure de la négociation dans la Fonction Publique et le secteur privé conformément à la législation ivoirienne.

## 1. LES CONFLITS INDIVIDUELS

Aux termes de l'article 81.1 du Code du Travail, le différend individuel est un conflit qui intervient à l'occasion de l'exécution du contrat de travail ou lors de la rupture de ce contrat entre l'employeur et le salarié. Le règlement des différends individuels se fait en deux étapes : la première est le règlement amiable qui se déroule au niveau de l'Inspecteur du Travail et des Lois Sociales et le second, le règlement contentieux, se tient devant les tribunaux du travail en ce qui concerne le secteur privé.

Dans le secteur public, il n'existe pas de dispositions légales traitant du conflit individuel en raison du statut du fonctionnaire qui est dans une situation statutaire et réglementaire. Il est nommé dans un emploi permanent. Cette nomination relève d'un acte unilatéral de l'employeur, en l'occurrence l'État. C'est seulement la sanction disciplinaire qui est abordée (Loi

N°92-570 du 11 septembre 1992, Chapitre 11, Articles 73-77). Il s'agit, plus particulièrement, d'une faute commise ou qui aurait été commise par un fonctionnaire. La législation reste muette lorsqu'un fonctionnaire lésé décide d'entrer en conflit avec sa hiérarchie ou l'organisme employeur.

Mais, une sanction jugée infondée par les autres fonctionnaires ou le syndicat peut se transformer en un conflit collectif. Le syndicat en fait un motif pour une grève. Dans ce cas, la procédure est décrite plus bas.

### 1.1. Le règlement amiable

Cette tentative de conciliation a lieu entre l'Inspecteur du Travail et des Lois Sociales et les différentes parties (Code du Travail, Article 81.3) qui peuvent se faire assister par des syndicats, des avocats, des travailleurs ou un représentant de l'entreprise (Code du Travail, Article 81.3). Le règlement amiable se déroule en trois étapes : l'audition du plaignant, la comparution et le déroulement et le règlement du conflit.

#### 1.1.1. L'audition du plaignant

Cette étape consiste, pour l'Inspecteur du Travail et des Lois Sociales, à recevoir par écrit les récriminations du plaignant contre la partie adverse. Ce dernier peut être le salarié ou l'employeur. L'Inspecteur note et classe ensuite les points de litige en quatre catégories :

1. ceux portant sur le non-respect de la législation en vigueur ;
2. des us et des coutumes ;
3. ceux relevant de l'équité ;
4. et les autres liés aux dommages et aux intérêts.

Il convoque enfin les parties pour le règlement proprement dit.

### 1.1.2. La comparution des parties et le déroulement du règlement amiable

L'Inspecteur du Travail et des Lois Sociales reçoit les deux parties à la fois. Aux termes de l'Article 81.3 du Code du travail, les deux parties sont tenues de se présenter à la convocation de l'Inspecteur du Travail à la date et à l'heure indiquées. Toujours selon le même article, elles peuvent se faire représenter par :

- un travailleur ou un employeur appartenant à la même branche d'activité ;
- un avocat régulièrement inscrit au barreau ;
- un représentant des organisations syndicales auxquelles les parties sont affiliées ;
- un directeur ou un employé de l'entreprise ou de l'établissement en ce qui concerne l'employeur.

Le même article souligne que si le plaignant se ne présente pas à la convocation de l'Inspecteur du Travail, il ne peut renouveler sa demande de règlement amiable. En conséquence, la procédure est close. Si c'est le défendeur qui ne se présente pas, alors l'Inspecteur du Travail dresse un Procès-verbal de non-comparution qu'il transmet au Tribunal du travail qui prononce « *une amende civile dont le montant ne peut être inférieur à 1.000.000 FCFA* » (Code du Travail, Article 81.3).

Au cours de la conciliation, l'Inspecteur du Travail cherche à concilier les deux parties en se fondant sur la législation en vigueur, notamment la réglementation, les conventions collectives, les accords collectifs d'établissement et le contrat individuel de travail (Code du Travail, Article 81.4).

### 1.1.3. Le règlement du conflit

Le règlement proprement dit a lieu lorsque les deux parties se présentent. Après une ou plusieurs séances, si nécessaire, la tentative de conciliation de l'Inspecteur du Travail peut aboutir à trois cas de figure possibles :

1. le règlement total ;
2. le règlement partiel ;
3. l'échec de la tentative de conciliation.

L'Article 81.5 du Code du travail note la suite à donner à chaque cas de figure. Il y a règlement total lorsqu'on a un accord concernant tous les points de litige, soit qu'ils sont satisfaits ou abandonnés. Dans ce cas, l'Inspecteur du Travail dresse un procès-verbal mentionnant les points sur lesquels il y a eu un accord des parties, ainsi que les sommes convenues pour chaque chef de demande s'il y a lieu. De même, le procès-verbal mentionne les points ayant été abandonnés par le plaignant.

Il y a règlement partiel lorsqu'une partie des points de litige est satisfaite. Dans ce cas de figure, l'Inspecteur du Travail dresse un procès-verbal comme dans le cas précédent, tout en prenant soin d'ajouter les points n'ayant pu être satisfaits, c'est-à-dire les points sur lesquels il n'y a pu avoir d'accord.

Enfin, il y a échec du règlement amiable lorsqu'on a aucun accord concernant les points de litige. L'Inspecteur du Travail dresse un procès-verbal de non-conciliation contenant les motifs de l'échec (Code du Travail, Article 81.5), remis au plaignant qui est autorisé à introduire une action devant le Tribunal du Travail (Code du Travail, Article 81.7). En effet, lorsque la tentative de conciliation a échoué, elle échappe désormais à l'Inspecteur du Travail. Le règlement est maintenant du ressort du Tribunal du Travail.

Les données du tableau suivant indiquent les informations

contenues dans le procès-verbal :

**Tableau 10: Informations contenues dans le procès-verbal selon l'issue du règlement amiable**

| Issue du règlement amiable | Contenu du procès-verbal |
|---|---|
| Règlement total | Les points d'accord ;<br>Les sommes convenues pour chaque demande ;<br>Les points ayant été abandonnés. |
| Règlement partiel | Les points d'accord ;<br>Les points sur lesquels il n'y a pu avoir d'accord ;<br>Les sommes convenues pour chaque demande ;<br>Les points ayant été abandonnés. |
| Échec | Les motifs de l'échec |

Source : Code du Travail, Article 81.5

Selon l'Article 81.4 du Code du Travail, « *Le règlement à l'amiable du différend devant l'Inspecteur du travail et des lois sociales est définitif* ». En outre, dans le cas du règlement partiel ou total, lorsqu'une des parties n'exécute pas dans le délai imparti l'accord obtenu lors de la conciliation en ce qui concerne les montants à verser, la partie lésée, présente le procès-verbal en deux exemplaires au Président du Tribunal du Travail qui y appose sa signature pour lui donner un titre exécutoire et poursuivre ainsi l'exécution comme un jugement du Tribunal du Travail (Code du Travail, Article 81.6).

Le processus de règlement amiable est décrit sur le schéma suivant :

**Schéma 4 : Le processus du règlement amiable dans le secteur privé**

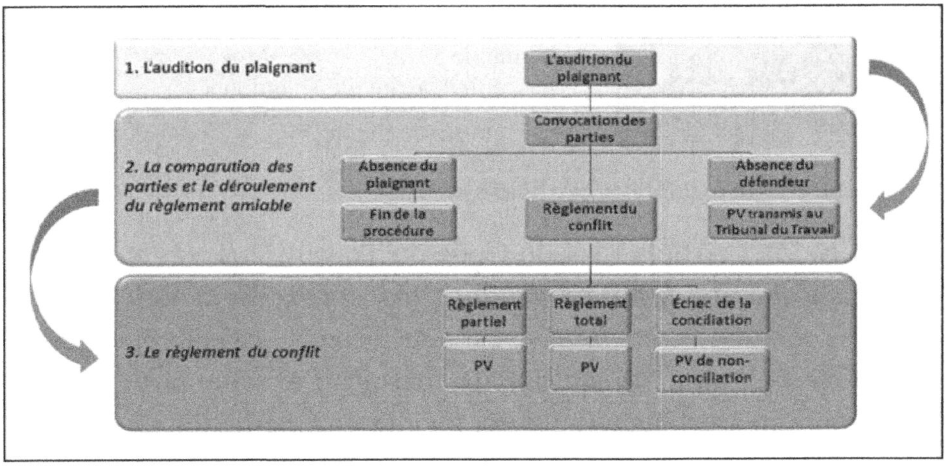


Source : Code du Travail, Article, 81.1 à 81.7.

Dans le cas du règlement amiable du conflit, nous sommes encore dans la négociation. Mais quant au règlement contentieux, nous le sommes moins. Et justement, il s'avère nécessaire que le lecteur ait une idée sur cet aspect qui est, en fait, un échec de la négociation. C'est tout comme la grève lorsqu'il s'agit de la négociation dans le cas du différend collectif. Dans une certaine mesure, il est possible de dire que le règlement contentieux est au différend individuel ce que la grève est au différend collectif. C'est bien ce qui nous amène à présenter le règlement contentieux.

### 1.2. Le règlement contentieux

Il peut se décliner en quatre étapes, notamment la saisine du Tribunal, la citation, la comparution et l'audience.

#### 1.2.1. La saisine du Tribunal

C'est la suite des négociations avec l'Inspecteur du Travail et des Lois Sociales lorsque les parties n'ont pu s'accorder sur tout ou partie des points de litige. Muni du procès-verbal de non-conciliation, le demandeur introduit une demande au greffe du Tribunal du Travail par une déclaration orale ou écrite (Code du Travail, Article 81.18).

#### 1.2.2. La citation

Elle intervient dans les deux jours suivant l'introduction de l'action à l'initiative du président qui cite les parties à comparaître dans un délai ne pouvant excéder douze jours et qui peut être majoré lorsqu'il y a des délais de distance (Code du Travail, Article 81.18).

### 1.2.3. La comparution

Lorsque les parties sont citées à comparaître, elles sont tenues de se présenter au jour et à l'heure fixés devant le Tribunal. Aux termes de l'article 81.19 du Code du Travail, les parties peuvent se faire assister ou représenter par :

- un travailleur ou un employeur appartenant à la même branche d'activité ;
- un avocat régulièrement inscrit au barreau ;
- un représentant des organisations syndicales auxquelles les parties sont affiliées ;
- un directeur ou un employé de l'entreprise ou de l'établissement en ce qui concerne l'employeur.

Lorsqu'il y a comparution, trois cas de figure peuvent se présenter en ce qui concerne la présence ou l'absence des parties. Le premier est celui du demandeur qui peut ne pas se présenter. Il peut, alors, justifier son absence par un cas de force majeure. Dans ce cas, la cause est rayée du rôle et il est autorisé à effectuer une nouvelle demande suivant une procédure identique à la première (Code du Travail, Article 81.20).

Le deuxième cas de figure porte sur le défendeur. S'il ne comparaît pas, il est autorisé à demander « ... *un renvoi de l'affaire en justifiant d'un cas de force majeure ; s'il ne le fait pas, ... défaut est donné contre lui et le tribunal statue sur le mérite de la demande* » (Code du Travail, Article 81.20). Le même article l'autorise, au cas où il ne comparaîtrait pas, à déposer un mémoire qui servira de base pour un jugement réputé contradictoire.

Le troisième cas est celui où les deux parties sont présentes ; la procédure suit son cours et on passe à l'étape suivante, en l'occurrence l'audience.

### 1.2.4. L'audience

L'audience du Tribunal du Travail comporte deux phases qui ne sont pas obligatoires. En effet, il y a une phase non publique. Il s'agit, bien évidemment, de l'audience de conciliation et d'une phase publique ou phase de jugement. La seconde n'intervient que lorsqu'il n'y a pas eu d'accord total lors de la première phase.

#### 1.2.4.1. La conciliation préalable et obligatoire

Aux termes de l'article 81.23 du Code du Travail, la tentative de conciliation a lieu quand les parties comparaissent devant le Tribunal du Travail. Celle-ci intervient lorsque la conciliation administrative menée par l'Inspecteur du Travail et des Lois Sociales n'a pas abouti ou n'a abouti que partiellement. Elle est donc obligatoire et précède la phase du jugement. Elle peut déboucher sur :

- un accord : dans ce cas, un procès-verbal est rédigé séance tenante et vaut titre exécutoire (Code du Travail, Article 81.23) ;
- un accord partiel : dans ce cas, un procès-verbal portant sur les points d'accord est rédigé et vaut titre exécutoire. Un autre procès-verbal concernant les points non-satisfaits est également rédigé (Code du Travail, Article 81.24) ;
- une non-conciliation : le tribunal retient l'affaire et procède immédiatement à son examen. Il en va de même en ce qui concerne l'accord partiel (Code du Travail, Article 81.25).

#### 1.2.4.2. La phase contentieuse ou l'audience publique

Dans les deux derniers cas, notamment l'accord partiel ou la non-conciliation, le Président du Tribunal renvoie l'affaire en jugement pour l'audience publique lorsque la conciliation obligatoire échoue (en partie ou totalement) :

*« ...le tribunal doit retenir l'affaire ; il procède immédiatement à son examen. Le renvoi ne peut être prononcé que pour un juste motif, par décision du tribunal ; dans ce cas, l'affaire est renvoyée à la prochaine audience utile.*
*Le tribunal peut toujours, par jugement motivé, prescrire toutes enquêtes, descentes sur les lieux et toutes mesures d'information qu'il estime opportunes. » (Code du Travail, Article 81.25).*

En outre,

*« Le Tribunal du travail statue en premier et dernier ressort, lorsque le chiffre de la demande n'excède pas dix fois le SMIG mensuel.*
*Au-delà de cette somme, il statue à charge d'appel.*
*L'appel est porté devant la cour d'appel » (Code du Travail, Article 81.29).*

Le jugement intervient, séance tenante, après les débats, sauf s'il y a une mise en délibéré qui ne peut excéder quinze jours (Code du Travail, Article 81.26). Les parties, à leur demande, reçoivent une Copie du jugement signée par le greffier (Code du Travail, Article 81.27). Le jugement rendu peut faire l'objet d'opposition ou d'appel.

L'opposition concerne le jugement par défaut qui peut intervenir dans les dix jours suivant la date de la notification.

L'appel est relatif au jugement ordinaire et peut intervenir dans les quinze jours, à compter de la date de notification aux parties. Lorsqu'il y a opposition, le Président convoque à nouveau les parties suivant la procédure décrite à l'article 81.18 (Code du Travail, Article 81.28).

Les jugements rendus en dernier ressort par le Tribunal du Travail valent titre exécutoire. Toutefois, ils peuvent faire l'objet de pourvoi en cassation. De fait, le pourvoi en cassation est aussi une voie de recours dont le but est d'obtenir l'annulation de la décision attaquée et de remettre les parties à leur état initial. Aux termes de l'Art.81.32 du Code du Travail, « *La Cour suprême connaît des recours en cassation contre les jugements et arrêts rendus en dernier ressort. Le pourvoi est introduit et jugé dans les formes et conditions prévues par la loi organique régissant ladite cour* ».

Le schéma ci-dessous résume toute la procédure du règlement contentieux :

**Schéma 5 : Le processus du règlement contentieux dans le secteur privé**

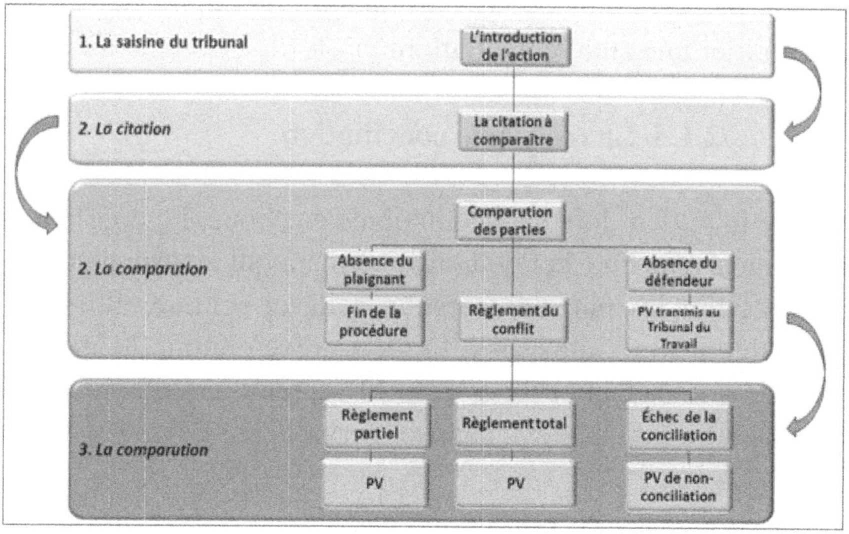


Source : Code du Travail, Article, 81.8 à 81.37

## 2. LES CONFLITS COLLECTIFS

### 2.1. Dans la Fonction Publique

Dans la Fonction Publique, ce qu'il convient d'appeler la négociation collective, se déroule en trois étapes avant le dépôt du préavis de grève.

#### 2.1.1. La première conciliation

Elle implique les travailleurs concernés par le conflit et les responsables du service ou de l'organisme employeur concerné. De même, les services compétents du Ministère en charge de la Fonction Publique participent à cette conciliation.

#### 2.1.2. La deuxième conciliation

En cas d'échec de la première conciliation, le Ministère technique, c'est-à-dire le Ministère de tutelle des travailleurs en conflit et celui chargé de la Fonction publique sont saisis pour initier une autre conciliation.

#### 2.1.3. La troisième conciliation

Elle intervient lorsque la deuxième a échoué. Le conflit est porté au niveau du Chef du Gouvernement qui tente également de concilier les parties. Lorsque celle-ci échoue, alors les travailleurs sont autorisés à faire la grève comme le stipule l'article 4 de la Loi N°92-571 du 11 septembre 1992, relative aux modalités de la grève dans les services publics :

*« Si malgré l'intervention du chef du gouvernement, les parties n'ont pu être conciliées et que le personnel visé à*

*l'article premier de la présente loi décide de faire usage de la grève, la cessation collective et concertée du travail doit être précédée d'un préavis ».*

Le schéma ci-dessous présente l'ensemble du processus, c'est-à-dire le cheminement depuis la première tentative de conciliation au dépôt du préavis de grève :

**Schéma 6 : Le processus de règlement collectif dans la Fonction Publique**

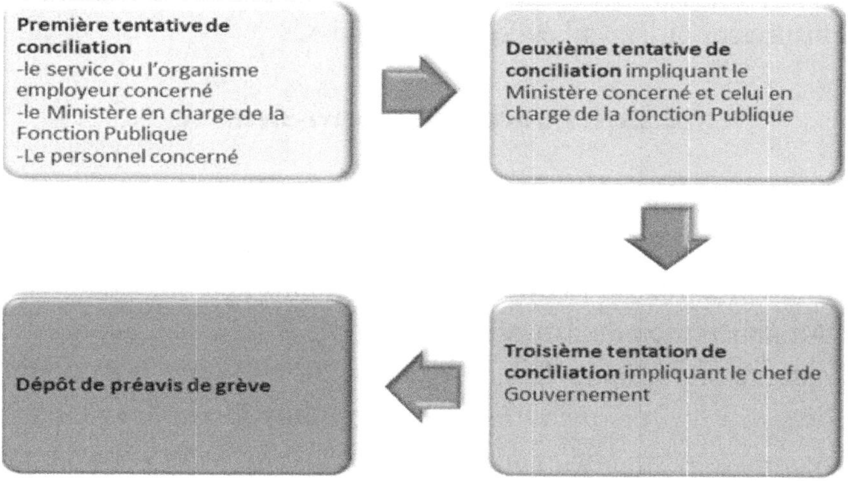


Source : Loi N°92-571 du 11 Septembre 1992, relative aux modalités de la grève dans les services publics.

La Loi susmentionnée ne fournit pas suffisamment d'informations concernant le déroulé des négociations. Aucun délai n'est imparti en ce qui concerne la première, deuxième et troisième conciliation. Ce qui laisse, par conséquent, la latitude aux parties, notamment les responsables de services, les Ministres et même le Chef de Gouvernement de prolonger le conflit à leur guise. Qu'en est-il dans les entreprises privées ?

### 2.2. Dans le secteur privé

Dans ce secteur, la négociation se fait en trois étapes : le dépôt des préavis de grève et la conciliation, l'arbitrage ou la médiation et la notification aux parties.

#### 2.2.1. Le dépôt des préavis de grève et la conciliation

Ce point comporte deux étapes : le dépôt des préavis de grève par les travailleurs et la phase de conciliation initiée par l'Inspecteur du Travail et des Lois Sociales.

##### 2.2.1.1. Le dépôt des préavis de grève

Aux termes de l'article 85.2 du Code du Travail, les représentants des travailleurs déposent un préavis de grève auprès de la Direction de l'entreprise et de l'autorité compétente de l'Administration du Travail. À défaut, ils le déposent auprès de l'autorité préfectorale. Selon l'article 82.6, « *Le préavis de grève comporte les raisons et les revendications formulées par les organisations syndicales déposant le préavis de grève* ». La durée du préavis de grève est de six jours ouvrables (Code du Travail, Article 82.5).

Cela implique que les représentants des travailleurs doivent observer six jours ouvrables et sans réponse de la direction de l'entreprise ou de l'autorité compétente avant de s'engager dans une quelconque action de grève.

##### 2.2.1.2. La conciliation

La seconde étape est la conciliation. Elle débute lorsque l'autorité compétente de l'Administration du Travail du ressort (ou à défaut l'autorité préfectorale) est saisie. Cette dernière est tenue d'entamer la procédure de conciliation (Code du Travail, Article 82.6). Ce dernier dispose de cinq jours ouvrables pour mener la procédure de conciliation à son terme avec les différentes parties. Deux cas de figure peuvent se présenter : la carence et l'échec total ou partiel de la conciliation.

La carence intervient lorsque l'une des parties ne se présente pas pour la deuxième fois consécutive aux réunions convoquées par l'Inspecteur du Travail. Ce dernier rédige un procès-verbal de carence qu'il adresse dans les quatre jours suivants aux différentes parties et au ministère en charge du travail (Décret N°96-208, Article 7). Une seconde tentative de conciliation peut être engagée par l'Inspecteur du Travail et des Lois Sociales à l'initiative du Ministre en charge du travail lorsque les circonstances l'exigent :

> *« Lorsque les circonstances le justifient ou lorsque les intérêts mis en jeu dépassent le cadre de l'entreprise dans laquelle le différend collectif est né, le Ministre peut décider une deuxième tentative de conciliation des parties, sur l'ensemble du différend ou sur les points qui n'ont pu être réglés ou qui l'ont été de manière insuffisante, devant l'Inspecteur du Travail et des Lois Sociales » (Décret N°96-208, Article 8).*

En cas d'échec total ou partiel de la conciliation, l'Inspecteur du Travail et des Lois Sociales dresse un procès-verbal d'échec total ou partiel de la conciliation qu'il adresse dans les quatre jours suivants aux différentes parties et au ministère en charge du travail (Décret N°96-208, Article 7).

L'échec total ou partiel de la conciliation débouche sur l'arbitrage ou la médiation. Selon l'article 9 du décret N°96-208, la durée de la procédure de conciliation ne peut excéder 10 jours ouvrables, même lorsque le ministre demande une seconde tentative de conciliation en cas de carence.

### 2.2.2. La procédure conventionnelle d'arbitrage, l'arbitrage et la médiation

À cette étape, les parties ont trois choix possibles : la procédure conventionnelle d'arbitrage, la procédure d'arbitrage et la procédure de médiation (Code du Travail, Article 82.9).

#### 2.2.2.1. La procédure conventionnelle d'arbitrage

Les parties peuvent choisir la procédure conventionnelle d'arbitrage s'il existe, entre elles, une convention collective ou un accord collectif d'établissement prévoyant l'arbitrage en cas d'échec total ou partiel de la conciliation.

#### 2.2.2.2. L'arbitrage

Les parties peuvent également décider de recourir à la procédure d'arbitrage. Lorsqu'elles choisissent cette option, elles s'engagent par la même occasion à exécuter la sentence arbitrale. De plus, elles doivent procéder, dans un délai de 5 jours, au choix d'un arbitre unique ou d'un comité arbitral composé d'un magistrat et de deux arbitres (Code du Travail, Article 82.10). Les arbitres :

> *« ... sont choisis parmi les personnes susceptibles de remplir les fonctions d'arbitre dont la liste est établie chaque année par arrêté du ministre chargé du travail sur proposition des organisations syndicales d'employeurs et de travailleurs. Cette liste comprend des personnalités choisies en fonction de leur autorité morale et de la compétence en matière économique et sociale » (Code du Travail, Article 82.10).*

Les parties peuvent également choisir le Conseil National du Dialogue Social (CNDS) comme arbitre (Code du Travail, Article 82.9). Dans les 12 jours suivants, la réception du dossier, l'arbitre unique ou le comité arbitral rend une sentence arbitrale motivée. Il est tenu de statuer sur les objets déterminés par le procès-verbal de non-conciliation. Il peut également statuer sur les événements intervenus après ce procès-verbal, mais qui a un lien direct avec le conflit dont il est question.

Le comité arbitral se prononce en droit et en équité[13] sur les points qui lui sont soumis dans le procès-verbal de non-conciliation.

> *« Il se prononce en droit sur les conflits relatifs à l'interprétation des lois, règlements, conventions collectives ou accords en vigueur. Il statue en équité sur les autres différends, notamment lorsque ceux-ci portent sur les salaires ou les conditions de travail quand celles-ci ne sont pas fixées par les dispositions des lois, règlements, conventions collectives ou accords collectifs en vigueur, ainsi que sur les différends relatifs à la négociation et à la révision des clauses de conventions collectives » (Code du Travail, Article 82.11).*

Pour remplir sa mission, l'arbitre ou le comité arbitral dispose du pouvoir d'information. En effet, il a le pouvoir de s'informer en ce qui concerne la situation économique de l'entreprise et celle des travailleurs impliqués dans le conflit. De même, il dispose du pouvoir de réaliser des enquêtes auprès de l'entreprise et des syndicats. En outre, il peut demander et obtenir de l'employeur et des travailleurs « ... *la production de tout document ou renseignement d'ordre économique, comptable, financier,*

---

13- Se prononcer en droit sous-entend se référer à la justice, c'est-à-dire l'application des textes en vigueur ; se prononcer en équité, en revanche, fait allusion à l'égalité et peut, dans ce cas, aller au-delà des dispositions légales en vigueur.

*statistique ou administratif susceptible de lui être utile pour l'accomplissement de sa mission* » (Code du Travail, Article 82.11).

Par ailleurs, il peut se faire aider dans sa tâche par des cabinets d'experts comptables ou de toute personne qualifiée pouvant lui apporter une assistance afin de rendre la sentence arbitrale. Ce dernier point implique que pour l'analyse de la situation économique de l'entreprise et l'étude des conditions de travail des salariés ainsi que l'analyse des documents d'ordre économique, financier, comptables, statistiques et administratifs, l'arbitre ou le comité arbitral dispose du pouvoir de se faire assister par une tierce personne capable de lui apporter les réponses appropriées au (x) problème (s) mentionné (s) dans le procès-verbal de non-conciliation.

#### 2.2.2.3. La médiation

En ce qui concerne la médiation, la procédure n'est pas loin de celle de l'arbitrage. En effet, lorsque les différentes parties choisissent ce mode de règlement du conflit, elles choisissent le médiateur dans les mêmes conditions que celles prévues pour l'arbitrage à l'article 82.10 du Code du Travail. Le Conseil National du Dialogue Social (CNDS) peut être saisi par les parties pour assurer la médiation (Code du Travail, Article 82.9). Elles peuvent également désigner le médiateur de la République comme médiateur ainsi que le stipule l'article 82.12 du Code du Travail.

Toujours selon ce même article, le médiateur dispose des mêmes pouvoirs que ceux de l'arbitre ou du comité arbitral défini à l'article 82.11 du Code du Travail. Cependant il n'est pas compétent pour régler le conflit portant sur l'interprétation ou la violation d'une disposition légale réglementaire ou conventionnelle. Dans ce cas, il recommande aux différentes parties de soumettre les points litigieux à la juridiction compétente pour régler le conflit.

À cet effet, le médiateur convoque les différentes parties par lettre recommandée avec accusé de réception. Il dispose de 12 jours qui peuvent être prolongés d'une durée égale, c'est-à-dire 12 autres jours avec l'accord des parties, pour rendre son rapport sous forme de recommandations (qui est, en fait, un projet de règlement des points faisant l'objet de litige) (Code du Travail, Article 82.12).

### 2.2.3. La notification aux parties

L'arbitre ou le comité arbitral notifie aux parties et à l'Inspecteur du Travail par lettre recommandée avec accusé de réception la sentence arbitrale dans un délai de 48 heures, à compter de la date à laquelle a été rendue cette sentence (Code du Travail, Article 82.11). Les décisions contenues dans la sentence arbitrale s'imposent, de fait, aux différentes parties. L'arbitre ou le comité arbitral statue en premier et dernier ressort, sauf pour ce qui concerne les excès de pouvoir ou la violation de la loi. Dans ce cas, les recours sont portés devant la Cour suprême (Code du Travail, Article 82.11).

Au niveau de la médiation, le médiateur communique à l'Inspecteur du Travail et des Lois Sociales un rapport contenant ses recommandations ; ce dernier le transmet aux différentes parties et au Ministre en charge du Travail dans les 48 heures suivant la réception du document. À partir de la date de notification du rapport du médiateur, les différentes parties disposent de quatre jours pour manifester leur opposition (Code du Travail, Article 82.12). Si au cours de cette période, aucune partie ne réagit, à travers une opposition dans un délai de quatre jours francs, alors les recommandations contenues dans le rapport du médiateur acquièrent force exécutoire, c'est-à-dire qu'elles ont désormais la même valeur que la sentence arbitrale en cas de silence de l'autre partie.

Le schéma suivant présente toutes les étapes identifiées et décrites ci-dessus.

**Schéma 7: Procédure de gestion de différends collectifs**

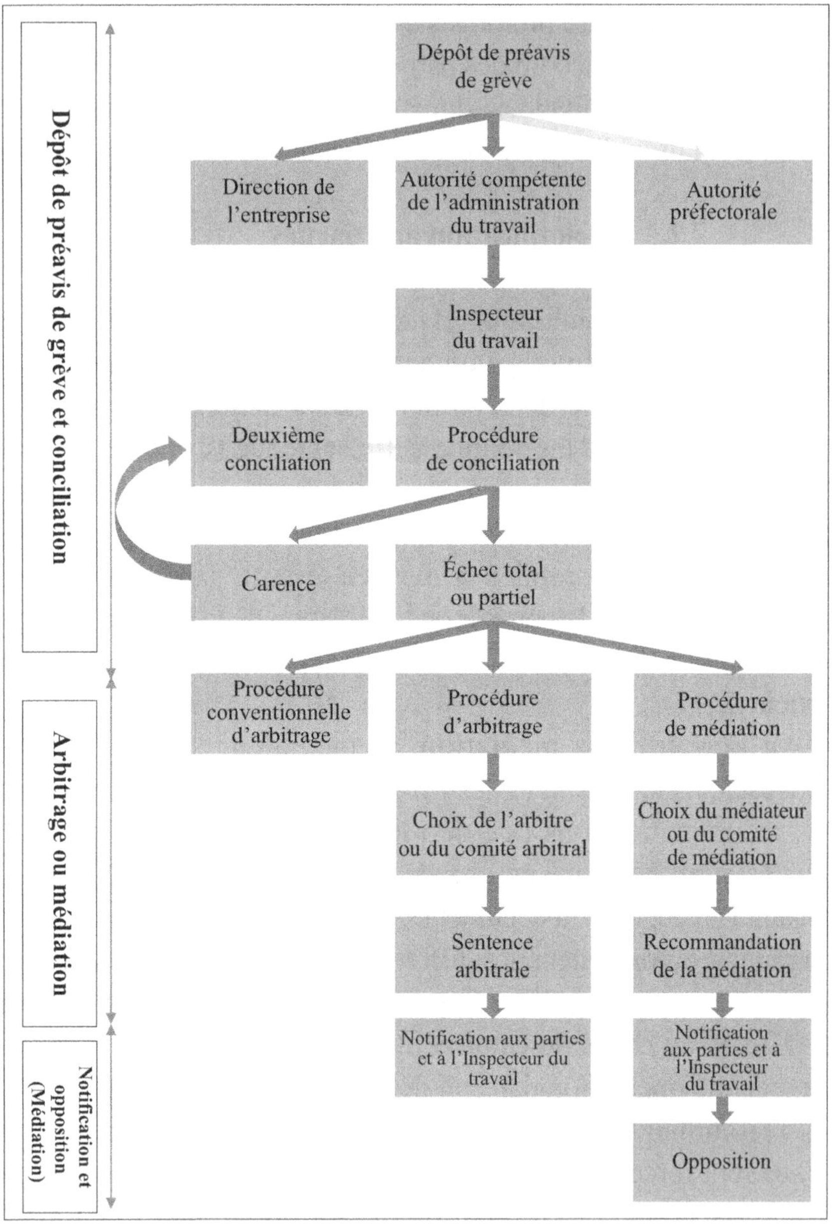


Sources : Code du travail, Articles 82.1-82.18

À présent, faisons un bilan temporel de la procédure de négociation. Le tableau ci-dessous indique la durée des différentes étapes de la négociation depuis le dépôt de préavis de grève jusqu'à la notification de la sentence arbitrale ou du rapport du médiateur aux différentes parties.

**Tableau 11 : Le chronogramme de la procédure de négociation**

| Étapes | Actions | Nombres de jours Pour l'arbitrage | Nombres de jours pour la médiation |
|---|---|---|---|
| **Dépôt de préavis de grève et conciliation** | Dépôt de préavis de grève<br>Conciliation | 10 | 10 |
| **Arbitrage conventionnel** | | - | - |
| **Arbitrage** | Choix de l'arbitre ou du comité arbitral | 5 | 5 |
| | Rendu de la sentence arbitrale (12 jours) plus éventuellement une prorogation d'une égale durée | 24 | NA |
| **Médiation** | Choix du médiateur | NA | 5 |
| | Rendu du rapport du médiateur (12 jours) plus éventuellement une prorogation d'une égale durée | NA | 24 |
| **Notification aux parties** | | 2 | 2 |
| **Opposition** | Opposition aux recommandations du médiateur | NA | 4 |
| **Total** | | 41 | 50 |

Source : Code du Travail, Articles 82.1 à 82.18.

NB : NA désigne Non Applicable.

Les données du tableau 11 indiquent qu'il faut un minimum de 41 jours pour la procédure de négociation en ce qui concerne l'arbitrage contre 50 jours pour la médiation. Autrement dit, le choix de l'arbitrage comme mode de règlement du différend nécessite au moins 8 semaines, tandis qu'il en faut 10 pour la médiation. Mais, le règlement des conflits peut aller au-delà des périodes indiquées.

En ce qui concerne l'arbitrage, par exemple, la partie qui se sent lésée pour un excès de pouvoir ou une violation de la loi peut exercer un recours devant la Cour suprême. Ce qui est susceptible d'accroître le nombre de jours pour le règlement du conflit. Il en est de même en ce qui concerne la conciliation. En effet, lorsque l'objet du conflit porte sur l'interprétation ou la violation d'une disposition légale et non conventionnelle, le médiateur recommande aux parties de soumettre les points litigieux à des juridictions compétentes. Ce qui a pour effet d'augmenter le nombre de jours nécessaires pour la négociation.

Au total, il convient de remarquer que ces délais semblent raisonnables. En effet, l'histoire montre que le règlement de certains conflits peut aller au-delà des périodes indiquées dans le tableau 11. Le conflit de la CARENA, par exemple, qui a opposé les travailleurs d'une entreprise de construction et de réparation navale, classée cependant dans le secteur industriel, et qui exigeaient le reclassement de celle-ci dans son secteur d'activité d'origine a duré au moins quatre ans (Appiah, 2013).

Les syndicats qui s'engagent dans un processus de négociation doivent tenir compte de ces délais qui ne jouent pas nécessairement en leur faveur. En effet, l'employeur peut mettre à profit ces délais pour identifier les failles dans les revendications formulées par les travailleurs, briser la mobilisation des militants, stipendier certains leaders syndicaux ou encore mener toute autre action de nature à tourner les négociations à son avantage. Autrement dit, ces délais sont susceptibles d'être utilisés par l'employeur pour gagner du temps. Vu que les travailleurs sont tenus de suivre la procédure de négociation jusqu'à son terme en vertu de l'article 11 du Décret N°96-208 du 7 mars 1996, l'employeur peut jouer le jeu de la négociation pour retarder ou même briser une grève qui se profile à l'horizon.

En plus de connaître le cadre juridique de la négociation, il est également utile de maîtriser d'autres aspects. Il s'agit de : la législation concernant la grève ;

- la situation du droit social ;
- les conventions de l'OIT ratifiées par l'État ;
- les accords de l'Organisation des Nations Unies (ONU) ratifiés par l'État ;
- les accords et traités régionaux et panafricains ratifiés par la Côte d'Ivoire en matière de travail ;
- les conventions collectives passées et en vigueur ;
- les accords collectifs d'établissement.

En outre, les syndicats candidats à la négociation devraient connaître les institutions en charge du règlement des conflits et du dialogue social. Pour ce qui est de la Côte d'Ivoire, il s'agit, entre autres, du tribunal du travail, du Conseil National du Dialogue Social (CNDS), de la Commission Consultative du Travail (CCT), etc. Voyons à présent, la démarche à adopter par les syndicats pour conduire une grève ou une négociation.

# TROISIÈME PARTIE :

# LA CONDUITE DE LA GRÈVE ET DE LA NÉGOCIATION

# CHAPITRE 5

# LA CONDUITE DE LA GRÈVE

Tout projet de grève requiert un certain nombre de dispositions à prendre en considération. C'est pourquoi ce chapitre porte essentiellement sur les préliminaires, la préparation de la grève, la grève proprement dite et l'évaluation de la grève.

## 1. LES PRÉLIMINAIRES

Cette étape commence dès que la grève est envisagée comme modalité de résolution du conflit. Elle consiste, au cours d'une première réunion, à formuler les revendications, à définir les objectifs de la grève et à planifier la grève. Une seconde réunion, notamment la réunion préliminaire, est nécessaire pour définir la stratégie et initier le dépôt du préavis.

### 1.1. La formulation des revendications

Il est question de définir, ici, ce que l'on veut obtenir à l'issue de la grève, c'est-à-dire le résultat à atteindre à la fin du processus. Pour réussir cet exercice, il convient de se focaliser sur les résultats et poser la question suivante : qu'est-ce que nous devrions avoir obtenu à la fin de la grève ? Répondre à cette question fournit, de *facto*, le ou les résultat(s) attendu(s). En effet, une telle question peut engendrer plusieurs résultats, car une grève a plusieurs implications comme nous le verrons plus loin.

Considérons des travailleurs qui décident d'aller en grève pour obtenir des changements. Soit les résultats suivants à l'issue de la grève :

- Résultat 1 : le salaire des travailleurs pris individuellement a crû de 10% ;
- Résultat 2 : les sanctions prises contre les responsables syndicaux sont abandonnées par l'employeur ;
- Résultat 3 : La nouvelle grille de notation imposée par l'employeur est adoptée de façon consensuelle après des concertations avec le syndicat.

À partir de ces résultats, il est possible de formuler les revendications suivantes :

- Revendication 1 : Exiger une hausse de 10% non imposable sur le salaire de chaque travailleur ;
- Revendication 2 : Exiger la levée des sanctions prises contre les responsables syndicaux par l'employeur ;
- Revendication 3 : Obtenir l'ouverture de concertations concernant la nouvelle grille de notation imposée par l'employeur.

Il est important, à ce niveau, d'être précis au risque de se voir « roulé dans la farine ». Par exemple, si on écrivait Exiger *une hausse de 10%* sur les salaires, l'employeur qui accède à cette revendication peut augmenter la masse salariale de 10%, ou alors ajouter effectivement le montant correspondant sur le salaire de chaque travailleur, mais sur des lignes imposables. Ce qui aura pour effet d'avoir, en théorie, obtenu ce que l'on a demandé. Dans les faits cependant, l'augmentation est inférieure aux 10%.

Aussi, notons encore qu'il doit être le plus précis possible, car lorsqu'il est ambigu, il peut entrainer une interprétation erronée ou même une application inattendue d'un acquis.

C'est pourquoi il est important de définir, de façon univoque, les résultats attendus à l'issue de la grève. À partir des revendications, on peut, à présent, dresser la liste des revendications et définir par la même occasion les priorités. Il s'agit de relever les points importants par ordre de priorité en répondant à la question suivante : quel point est plus important que tel ou tel autre et pourquoi ? On s'appuiera, ici, sur les attentes des militants qui ont été consultés lors de la préparation des négociations. Qu'est-ce que les militants jugent prioritaire et pourquoi ? Après cet exercice, on peut dresser une liste définitive des revendications.

En dressant cette liste, il arrive que les syndicats consignent plus de revendications que de raison, c'est-à-dire qu'ils ajoutent autant d'éléments que possible afin de faire preuve de flexibilité lors des discussions. En effet, abandonner des revendications montre que l'on fait des concessions. Ce qui exige de l'autre partie autant, sinon plus d'efforts.

Après les revendications, il importe de formuler des propositions et dans la mesure du possible, évaluer le coût. En fait, le but de la négociation n'est pas de « *tendre un piège* » à l'employeur qu'il sera incapable de résoudre si tant est qu'on souhaite résoudre un problème qui affecte les travailleurs. C'est pourquoi chaque revendication identifiée doit correspondre à une proposition réaliste et réalisable. Le schéma suivant présente le processus allant des objectifs aux propositions :

**Schéma 8 : Processus de la formulation des résultats attendus aux propositions**

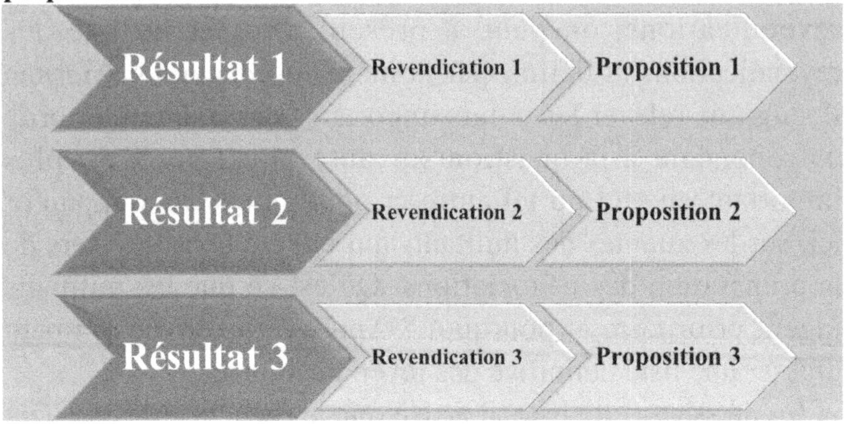


Source : Analyse de l'auteur

Cette même approche pourra servir lorsqu'il s'agira de définir les résultats attendus et de formuler les revendications pour la négociation. À présent, il est possible de planifier la grève.

### 1.2. La définition des objectifs de la grève

À ce stade, il convient de poser la question suivante : quelles sont les actions à mener pour conduire la grève avec succès ? Il s'agit simplement de définir les objectifs à atteindre. Il y a deux types d'objectifs : l'objectif général qui peut être assimilé à la stratégie, c'est-à-dire le résultat à atteindre à la fin du processus ou à long terme ; et les objectifs spécifiques qui peuvent s'identifier à la tactique. La réalisation des objectifs spécifiques doit permettre d'atteindre l'objectif général.

Les objectifs doivent être réalistes et mesurables, car lors de l'évaluation, ils serviront de critères pour savoir si l'on a réalisé des progrès ou non. Dans le cadre de la grève projetée plus haut, voici à titre d'exemple, des objectifs que l'on pourrait se fixer :

***Objectif général :***
Notre action vise à marquer un arrêt de travail de trois jours en vue d'obtenir la satisfaction de nos revendications.

***Objectifs Spécifiques (OS) :***
Plus spécifiquement, il s'agit de :

1. informer l'employeur et l'administration du travail concernant la grève en vue ;
2. sensibiliser les militants et obtenir leur adhésion concernant la grève en vue ;
3. sensibiliser les partenaires et l'opinion et obtenir leur adhésion concernant la grève en vue ;
4. mobiliser les moyens matériels, humains et financiers pour la conduite de la grève ;
5. mettre en place une organisation dédiée à la grève ;
6. observer un arrêt de travail de trois jours pour la satisfaction de nos revendications ;
7. faire un bilan critique des différentes actions à la fin de la grève.

### 1.3. La planification de la grève

Cette étape consiste, à partir de ce qui précède, à planifier la grève. La planification inclut un plan d'action, un budget détaillé et un chronogramme détaillé. Elle consiste à identifier toutes les activités à réaliser dans des délais indiqués avec des personnes responsabilisées, des moyens nécessaires à cet effet, et bien entendu avec les coûts afférents.

### 1.3.1. Le plan d'action

Il permet d'avoir des informations on ne peut plus détaillées sur la démarche à suivre pour la conduite de la grève. Il comporte les différentes étapes, les activités, les délais, les personnes responsables de chaque activité ainsi que leurs coûts.

Les étapes représentent les différentes phases visant à réaliser la grève. Les activités constituent un ensemble de mesures visant à atteindre un objectif ou un résultat. Il peut s'agir, dans le cadre de la préparation ou de l'exécution de la grève, de la mise place d'une unité de coordination, de l'achat de biens ou de service, de la supervision d'une manifestation, etc.

Les moyens matériels sont l'ensemble des éléments nécessaires à une activité. Pour un meeting de sensibilisation en plein air par exemple, un mégaphone, des piles, des prospectus à distribuer peuvent être considérés comme des moyens matériels. Les personnes responsables sont celles en charge d'une activité. Elles doivent les réaliser dans les délais indiqués. Ces délais se rapportent à la date du début et à celle de la fin de l'activité.

Les coûts sont constitués des ressources financières et/ou du temps nécessaire à la réalisation d'une activité. Ce qui implique que toutes les activités n'ont pas un coût financier. C'est le cas d'une réunion qui se tient dans les locaux du syndicat qui dispose de tout le nécessaire à cet effet. Ici, le coût peut être évalué en termes de temps individuel et collectif. Mais si pour cette même réunion, le syndicat ne possède pas d'imprimante et que des impressions s'avèrent nécessaires, alors cela engendrera naturellement des coûts.

Avant, pendant et après la grève, le plan d'action permet de faire une meilleure évaluation, de savoir qui est responsable de quoi, qui devrait faire quoi et qui ne l'a pas réalisé, combien devrait coûter telle activité et combien a-t-elle coûté en fait, etc. Ces différents points, notamment les étapes, les activités, les personnes responsables, les moyens matériels, les délais et les coûts peuvent être consignés dans un tableau afin d'avoir une vue synoptique sur l'ensemble d'actions à mener pour le succès de la grève.

Les coûts identifiés serviront à élaborer le budget. De même, les délais identifiés aideront à élaborer le chronogramme détaillé. Le tableau ci-dessous offre un exemple à renseigner et à adapter à chaque situation de grève :

**Tableau 12 : Une esquisse d'un plan d'action pour la grève**

| Objectif Spécifique 1 : | | | | |
|---|---|---|---|---|
| Activités | Moyens matériels | Délais (début-fin) | Personnes responsables | Coûts |
| | | | | |
| | | | | |
| | | | | |
| | | | | |
| Objectif Spécifique 1 : | | | | |
| Activités | Moyens matériels | Délais (début-fin) | Personnes responsables | Coûts |
| | | | | |
| | | | | |
| | | | | |
| | | | | |
| Objectif Spécifique 1 : | | | | |
| Activités | Moyens matériels | Délais (début-fin) | Personnes responsables | Coûts |
| | | | | |
| | | | | |
| | | | | |

En dernier ressort, le plan d'action permet d'avoir une idée précise de ce qu'on projette et d'atteindre ainsi un but formulé à partir d'un objectif, d'une activité ou d'un résultat défini au préalable et dont la réalisation coïncide avec un changement souhaité au départ. Dans le cas d'une grève, il peut s'agir d'une augmentation de salaire, de l'adoption d'une nouvelle règle, etc.

### 1.3.2. Le budget détaillé

La conduite de la grève a un coût et il faut pouvoir le déterminer. Il s'agit, plus précisément, de donner le coût global de la grève. À partir de la colonne coût dans le plan d'action, on identifie les éléments ayant un coût financier qu'on regroupe dans des rubriques à pourvoir. Il peut s'agir du matériel de communication, du rafraichissement, de la compensation des grévistes, etc. La seconde étape consiste à meubler les différentes rubriques par les lignes appropriées. La rubrique matérielle de communication, par exemple, peut comporter les tee-shirts, la sonorisation, les banderoles, et ainsi de suite pour les autres rubriques. Enfin, on procède à la sommation de toutes les lignes et de toutes les rubriques.

Idéalement, le budget est conçu de façon informatisée à l'aide d'un tableur. En colonne, on mettra :

- **Numéro** pour affecter une numérotation aux différentes lignes ;
- **Désignation** pour nommer les biens, le matériel, les services, etc. à acheter ;
- **Quantité** pour préciser le nombre de biens, de matériel, de services, etc. à acheter ;
- **Coût unitaire** pour préciser le montant pour une unité de bien à acquérir ;
- **Coût total** qui est le montant global pour un bien considéré.

En ligne, nous aurons les différentes lignes représentant les biens nécessaires à acquérir pour la grève ainsi que les sous-totaux de chaque rubrique et le total général.

Pour notre grève de trois jours, mentionnée dans la section précédente, voici ce que peut comporter à titre d'exemple un budget. Il comporte, entre autres, les rubriques suivantes : matériel de communication, rafraîchissement et compensation financière des grévistes.

### 1.3.2.1. Le matériel de communication

Il regroupe tous les éléments nécessaires à la communication et à la visibilité lors de la grève. Les tee-shirts imprimés à l'effigie du syndicat, avec des messages relatifs à la grève, visent à donner aux participants un sentiment de solidarité et de cohésion. De même, il aidera les membres des autres syndicats (s'il y en a d'autres dans l'entreprise qui ne participent pas à la grève), la presse, bardeaux et l'opinion à être informé quant à la manifestation ainsi que les buts recherchés et les enjeux qui les sous-tendent.

Il en est de même pour les pancartes et surtout les banderoles qui pourront être affichées à différents endroits à proximité du ou des piquet(s) de grève. Les prospectus ou dépliants seront distribués aux membres des autres syndicats (s'il y en a d'autres dans l'entreprise qui ne participent pas à la grève), aux passants et à la presse pour qu'ils puissent avoir une vue synoptique sur les causes, les objectifs et les enjeux de la protestation contre l'employeur.

Le mégaphone ou tout autre appareil d'amplification de la sonorisation servira à mobiliser les militants, informer les non-participants et surtout animer le ou les piquets de grève avec des chants, des poèmes et des discours en lien avec la manifestation. En ce qui concerne la presse, disons que des passages dans certains organes de radio et de télévision peuvent nécessiter des frais, de même que des structures de la presse écrite, des sites Internet dédiés, etc.

### 1.3.2.2. Le rafraichissement

Il s'agit de tout ce qui est nécessaire pour maintenir les participants et même les curieux en condition physique pour la manifestation. Les glacières, la glace, les jus de fruits et l'eau minérale sont achetés à cet effet. On pourra également offrir aux participants des sandwichs en guise de petit-déjeuner et un repas léger pour le déjeuner. Si nécessaire, les responsables chargés de ces aspects pourront sous-traiter avec des restaurants pour satisfaire ces questions.

### 1.3.2.3. Les compensations financières

Elles serviront à couvrir une partie des pertes en termes pécuniaires occasionnées par la grève. En effet, dans la plupart des cas, la grève suspend le contrat de travail, rendant ainsi caduque l'obligation qu'a l'employeur de payer les salariés. Dans ces conditions, chaque participant recevra un montant en fonction de sa catégorie socioprofessionnelle.

La somme des différentes rubriques, notamment 1 (Matériel de communication), 2 (Rafraîchissement), 3 (Compensations financières des grévistes) et 4 (Réunions) nous donne un budget partiel auquel il faudra ajouter 10%. En réalité, il y a toujours des situations nouvelles qu'on ne peut pas prévoir avec certitude lors d'une grève, notamment du matériel qui fait défaut, des personnes blessées, des participants arrêtés à qui il faut apporter une assistance en vivres, soutenir financièrement et solliciter les services de conseils par exemple. Une fois tous ces éléments réunis, surtout les différentes rubriques et les imprévus, on procède à une dernière sommation pour avoir le budget.

### 1.3.2.4. Les réunions

Il y a au programme de la grève plusieurs réunions, notamment la réunion préliminaire, la réunion de préparation et les différentes rencontres pendant et après les manifestations. Elles peuvent engendrer des frais et il convient de les intégrer au budget. Pour un syndicat déjà organisé avec un siège, une salle de réunion, du matériel de bureau, des imprimantes, etc. ; ces coûts devraient être considérablement réduits. Autrement, il faudrait en tenir compte au moment de la budgétisation.

Ci-dessous une esquisse de budget de notre grève. Elle vise uniquement à montrer au lecteur les modalités de conception d'un budget. Il est factice et peut être adapté à chaque type de situation d'une grève en y ajoutant tous les éléments possibles afin d'avoir une vue plus large sur les dépenses à effectuer dans le cadre de la grève. En ce qui concerne les montants, nous utilisons le terme pièces au lieu d'une monnaie précise afin que le lecteur puisse l'adapter à sa devise locale.

**Tableau 13 : Budget prévisionnel de la grève**

| 1. Matériel de communication | | | | |
|---|---|---|---|---|
| | **Désignation** | **Quantité** | **Coût unitaire (pièces)** | **Coût total (pièces)** |
| 1.1 | Tee-shirt | 200 | 1 500 | 300 000 |
| 1.2 | Banderole | 3 | 15 000 | 45 000 |
| 1.3 | Pancarte | 6 | 7 500 | 45 000 |
| 1.4 | Mégaphone | 2 | 25 000 | 50 000 |
| 1.5 | Prospectus | 1000 | 250 | 250 000 |
| 1.6 | Presse | 1 | 50 000 | 50 000 |
| **Total 1** | | | | **740 000** |

| 2. Rafraichissement | | | | |
|---|---|---|---|---|
| | **Désignation** | **Quantité** | **Coût unitaire (pièces)** | **Coût total (pièces)** |
| 2.1 | Glacière | 4 | 35 000 | 140 000 |
| 2.2 | Glace | 5 | 50 | 250 |
| 2.3 | Jus de fruits | 30 | 1 500 | 45 000 |
| 2.4 | Eau minérale | 50 | 2 000 | 100 000 |
| 2.5 | Repas (petit-déjeuner et déjeuner) | 600 | 1 500 | 900 000 |
| **Total 2** | | | | **1 185 250** |
| 3. Compensation financière des grévistes | | | | |
| | **Désignation** | **Quantité** | **Coût unitaire (pièces)** | **Coût total (pièces)** |
| 3.1 | Ouvriers | 104 | 7 500 | 780 000 |
| 3.2 | Employés | 62 | 10 000 | 620 000 |
| 3.3 | Agents de maîtrise | 25 | 15 000 | 375 000 |
| 3.4 | Cadres | 9 | 25 000 | 225 000 |
| **Total 3** | | | | **2 000 000** |
| 4. Réunions | | | | |
| | **Désignation** | **Quantité** | **Coût unitaire (pièces)** | **Coût total (pièces)** |
| 4.1 | Bloc-notes A5 | 20 | 750 | 15 000 |
| 4.2 | Stylo à bille | 20 | 100 | 2 000 |
| 4.3 | Paquet de rames | 2 | 3000 | 6 000 |
| 4.4 | Eau minérale | 80 | 500 | 40 000 |
| **Total 4** | | | | **63 000** |
| Total 1, 2,3 et 4 | | | | 3 988 250 |
| Imprévu (10%) | | | | 398 825 |
| TOTAL GÉNÉRAL | | | | 4 387 075 |

Dans la rubrique 4 consacrée aux réunions, nous avons supposé qu'au moins quatre rencontres auraient lieu et impliqueraient vingt personnes (leaders syndicaux, délégués syndicaux et militants). Les différentes lignes budgétaires correspondent aux matériels nécessaires pour la tenue des réunions. Passons à présent au chronogramme de la grève.

### 1.3.3. Le chronogramme détaillé

L'élaboration du chronogramme consiste à situer les différentes activités dans le temps. En effet, il faut savoir à quelle date précise chaque activité doit être réalisée. Il faut partir des délais indiqués dans le plan d'action. À ce titre, il est recommandé de les consigner dans un tableau comme celui ci-dessous.

Considérons un syndicat qui envisage de conduire une grève de trois jours en vue de protester contre les mesures de réductions de salaire initiées par l'employeur. La planification prendra un jour ; la préparation deux jours ; la grève proprement dite 3 jours et le bilan 5 jours, à compter de la date du début de la grève. Cela nous fait un total de 12 jours.

Ces chiffres sont purement à titre indicatif et ne visent qu'à donner une idée nette au lecteur sur la façon d'élaborer le chronogramme. Idéalement, il peut être présenté sous la forme d'un diagramme de Grant. En effet, s'il s'agit d'une grève beaucoup plus importante, la planification peut durer plusieurs jours. Si l'entreprise a des établissements disséminés sur l'ensemble du territoire, la sensibilisation des militants peut prendre plusieurs semaines. Le tableau ci-dessous ne concerne que notre exemple d'une grève de trois jours.

**Tableau 14: Le chronogramme détaillé de la conduite de la grève**

| | 1 | 2 | 3 | 4 | 5 | 6 | 7 | 8 | 9 | 10 | 11 | 12 |
|---|---|---|---|---|---|---|---|---|---|---|---|---|
| **1. PLANIFICATION** | | | | | | | | | | | | |
| 1.1. La réunion préliminaire | ■ | | | | | | | | | | | |
| 1.2. Le dépôt du préavis de grève | ■ | | | | | | | | | | | |
| **2. PRÉPARATION** | | | | | | | | | | | | |
| 2.1. Le démarrage | | ■ | | | | | | | | | | |
| 2.2. Réunion de préparation | | ■ | | | | | | | | | | |
| 2.3. La mise en place de l'équipe de grève | | ■ | | | | | | | | | | |
| 2.4. La réunion de préparation et sensibilisation des militants | | ■ | ■ | | | | | | | | | |
| 2.5. La sensibilisation des partenaires et de l'opinion | | | | ■ | ■ | | | | | | | |
| **3. GRÈVE** | | | | | | | | | | | | |
| 3.1. Le déploiement des différentes équipes et des piquets de grève | | | | | | | | ■ | | | | |
| 3.2. Suivi de la grève | | | | | | | | ■ | ■ | ■ | | |
| 3.3. Gestion de la communication | | | | | | | | ■ | ■ | ■ | | |
| 3.4. Réunion des différentes équipes si nécessaire | | | | | | | | ■ | ■ | ■ | | |
| **4. BILAN** | | | | | | | | | | | | |

| | | | | | | | | | | | | |
|---|---|---|---|---|---|---|---|---|---|---|---|---|
| 4.1. Réunion journalière des différentes équipes en fin de journée | | | | | | | | ■ | ■ | ■ | | |
| 4.2. Point de la situation pour dégager les perspectives au niveau des équipes (fin ou poursuite de la grève) | | | | | | | | | | | ■ | |
| 4.3. Réunion avec les militants pour définir la conduite à tenir (fin ou poursuite de la grève) | | | | | | | | | | | | ■ |
| 4.4. Information des partenaires et de l'opinion | | | | | | | | | | | | ■ |

Source : Analyse de l'auteur

### 1.4. La réunion préliminaire

Avant le dépôt du préavis de grève, une seconde réunion dite réunion préliminaire se tient pour présenter le contexte et définir la stratégie, bien entendu en se basant sur la formulation des objectifs et l'analyse du problème traitées plus haut.

#### 1.4.1. La présentation du contexte

En s'appuyant sur l'analyse du problème énoncé plus haut, il convient de présenter, ici, de façon concise la situation à l'origine de la grève, et ce à divers niveaux, notamment historique, politique, économique, juridique et psychosocial.

##### 1.4.1.1. Historique

Il s'agit de répondre à la question : qu'est-ce qui, d'un point de vue historique, nous conduit à cette situation ? On posera alors le problème dans une perspective historique en mettant en relief les points et les dates importants à l'origine du problème.

##### 1.4.1.2. Politique

Qu'est-ce qui, d'un point de vue politique, nous conduit à cette situation ? Autrement, quelles sont les actions politiques qui déterminent ou favorisent le conflit ? Telles sont les questions devant guider cette partie. On présentera ces points en mettant en exergue la façon dont la politique et/ou le politique a contribué à faire naître le conflit. Cela va concerner, par exemple, la mise en place d'institutions ou de dispositions légales non favorables aux travailleurs. De même, il s'agira de rechercher dans quelle mesure les politiques et plans de développement alimentent-ils le conflit ?

En Côte d'Ivoire, l'adoption de la loi N°95-15 du 12 janvier 1995 portant Code de Travail, par exemple, a été à l'origine de nombreux conflits ; elle s'inscrivait dans une politique de développement imposée par la Banque Mondiale et le Fonds Monétaire International (FMI) qui préconisent qu'il faille faire une place confortable au marché et aux investisseurs étrangers au détriment des travailleurs (Appiah, 2013).

#### 1.4.1.3. Économique

Comment l'économie a-t-elle contribué à la naissance et au développement du conflit ? Cette partie est particulièrement importante, car c'est l'économique qui détermine tout le reste. On pourrait, en paraphrasant la Bible, dire ceci : « *chercher d'abord le royaume économique et tout vous sera donné par la suite* ». En effet, la formation économique et sociale est à l'origine des contradictions dans la société.

Pour changer les rapports inégalitaires entre employeurs et travailleurs, il faut changer de formation économique et sociale, c'est-à-dire l'infrastructure et la superstructure[14] tous deux imbriqués dans un mouvement dialectique qui constitue le moteur de la société capitaliste. En fait, l'infrastructure détermine la superstructure qui, à son tour, détermine l'infrastructure. Même si la présentation du contexte peut être brève, on insistera particulièrement sur cet aspect ; l'histoire, la politique, le droit, etc., ne sont que le reflet des rapports économiques nés de la formation économique et sociale en vigueur, notamment le mode de production capitaliste.

14- L'infrastructure représente la base matérielle de la société. Elle est composée des forces productives (les hommes, les machines et les techniques permettant la production) et des rapports sociaux de production (les rapports qui naissent à l'occasion de la production). La superstructure est l'ensemble des institutions, des idées, des idéologies, etc. qui assurent le fonctionnement et le maintien de la société capitaliste en l'état.

#### 1.4.1.4. Juridique

Il s'agit, ici, de poser la question de savoir quelles sont les lois qui déterminent ou qui favorisent le conflit. Autrement, comment le droit existant affecte-t-il les travailleurs et engendre le conflit ? On recherchera toutes les lois (Code du Travail, Convention Collective, accords collectifs d'établissement, etc.) à l'origine du conflit. On recherchera aussi les lois dont on peut se servir pour régler le conflit. Par ailleurs, il est possible de rencontrer des situations où il existe un vide juridique, c'est-à-dire qu'il n'y a pas de lois relative au problème, de même qu'on ne retrouve pas d'éléments dans la jurisprudence pour régler le conflit. De ce point de vue, il est intéressant de mentionner tous ces faits.

#### 1.4.1.5. Psychosocial

Comment le problème soulevé affecte-t-il les travailleurs, d'un point de vue psychologique et social ? On devra rechercher les effets et/ou l'impact du problème sur les travailleurs pris individuellement et collectivement. Par exemple, comment l'introduction d'une nouvelle technique, d'un nouveau procédé de fabrication, d'un nouveau produit ou même le travail quotidien agit négativement sur le salarié ? On s'intéressera particulièrement à la psychologie des travailleurs en lien avec leur activité dans l'entreprise. Certaines tâches peuvent conduire et/ou renforcer le stress. De même, on mettra l'accent sur l'aspect santé. En effet, l'usage de certains produits ou la façon de produire des biens peut affecter la santé des travailleurs.

On s'intéressera également à l'aspect social, notamment les comportements, les manières d'agir et de penser, standardisés, engendrés par la production. Les manuels de managements et autres ouvrages de gestion des entreprises parlent abondamment de la culture de l'entreprise pour illustrer ce fait (Thévenet, 2010 ; Godelier, 2006 ; Enius, 2017).

Il est bien évident que, d'un point de vue sociologique, produire ensemble, se retrouver sur un même espace à la recherche de l'atteinte d'un objectif commun, finit par produire des comportements semblables permettant, *in fine*, d'associer un travailleur donné à une entreprise donnée. Mais, très peu parmi eux abordent les effets néfastes de la culture d'entreprise. En fait, ils n'en parlent pas lorsqu'elle aliène le travailleur ; mais en font des choux gras lorsqu'elle contribue à améliorer la production.

Aujourd'hui, avec le développement des nouvelles technologies, une entreprise peut, par un ensemble de mesures « favorables aux travailleurs », notamment l'instauration de primes, de récompenses, etc., mais aussi contraignantes, produire chez ses salariés des comportements peu sociables au point de leur arracher leur vie de famille. Le travail à domicile étant valorisé et récompensé, les travailleurs peuvent perdre de vue l'essentiel, notamment l'éducation des enfants, l'affection au ou à la conjoint (e), l'attention aux personnes chères en dehors du lieu de travail. Il s'avère donc nécessaire de mettre en exergue cet aspect sociologique du problème à l'origine du conflit.

Les syndicats peuvent, s'ils ne disposent pas de compétences avérées, se faire aider par des experts, des consultants et autres sachants pour obtenir les informations et données nécessaires à cet effet. Ces points mentionnés ci-dessus servent à présenter le contexte du conflit. Pour les syndicats de tendance marxiste ou qui se réclament comme telle, l'exercice est beaucoup plus simple. Il s'agit de rechercher la contradiction principale à solutionner ainsi que les contradictions secondaires qui s'y rattachent. On ne s'en privera pas de les enrichir avec ces différents points.

Cet exercice aidera à alimenter les séances, les rencontres et autres meetings d'informations et de mobilisation des militants, des partenaires et l'opinion. De même, il servira à confectionner les banderoles, les pancartes, les flyers, les messages de mobilisation sur le site web du syndicat et ceux des partenaires et dans la presse pour le succès de la grève. En outre, il aidera à rédiger le préavis de grève de façon motivée, c'est-à-dire avec des arguments pertinents et « percutants ». En définitive, il permet de mieux définir les objectifs de la grève.

### 1.5. L'évaluation des risques et la définition de la stratégie

#### 1.5.1. L'évaluation des risques

Une grève comporte d'énormes risques, tant pour l'employeur que pour les travailleurs. Mais pour ces derniers, ils sont encore plus grands, allant ainsi de la perte d'avantages acquis, de l'emploi et donc du revenu à des peines d'emprisonnement. C'est pourquoi les leaders syndicaux doivent faire le tour de la question à ce stade de la planification. Aussi, une appréciation erronée conduisant à un échec de la grève avec des conséquences lourdes ou mineures pour les militants peut entrainer un désaveu pour les leaders et même effriter leur légitimité. Pour eux donc, la grève est tout aussi risquée même s'ils bénéficient d'une protection particulière du fait de leur statut.

Comme nous l'avons vu plus haut, certaines formes de grève sont illicites au regard de la définition donnée par le législateur. De telles grèves peuvent être interprétées comme un manquement aux obligations du travailleur ou même une rupture abusive du contrat dans le secteur privé, entrainant ainsi des sanctions allant jusqu'au licenciement en « ... *cas de faute lourde imputable au travailleur* » (Code du Travail, Article 82.2). Il en est de même lorsque la grève n'est pas conduite dans les règles de l'art, c'est-à-dire sans respecter les dispositions légales en vigueur :

> « *Toute grève engagée ou continuée en contravention des dispositions prévues à l'article 82.16 du Code du Travail et en contravention de celles mentionnées aux articles 2, 3, 4, 5, 6, 7, 8 et 9 du présent décret, peut entraîner pour les travailleurs, la perte du droit à l'indemnité de préavis, à l'indemnité de licenciement le cas échéant, et aux dommages-intérêts pour rupture du contrat » (Décret N°96-208 : Article 12).*

Dans le secteur public, la situation est beaucoup plus complexe, car la procédure pour entrer en grève est simple comme nous l'avons vu plus haut. Cependant, il n'existe pas de chronogramme défini pour les différentes étapes. En plus, les syndicats ne sont autorisés à déposer un préavis que lorsque la dernière médiation avec le chef du Gouvernement a échoué. L'agenda généralement chargé de ce dernier et l'intérêt qu'il peut accorder au conflit sont deux facteurs à prendre en compte pour qu'il consacre son temps à une rencontre avec des syndicats. Il peut donc jouer sur le temps et empêcher les syndicats de déposer un préavis et aller en grève.

Dans une telle situation, toute grève initiée par les travailleurs est jugée illicite et entraine des sanctions :

> « *L'inobservation des dispositions de la présente loi entraine pour les fonctionnaires, l'application de sanctions prévues par le statut général de la Fonction Publique et par le Code du travail pour les agents non fonctionnaires » (Loi N°92-571 : Article 7).*

Lorsque la grève est autorisée par le législateur et que les syndicats remplissent toutes les formalités afférentes, il y a tout de même une suspension du contrat de travail. Ce qui implique que les heures non ouvrées ne sont pas payées ; ce qui conduit à un manque à gagner en termes de revenus pour le travailleur participant à la grève.

Dans la Fonction Publique, cette disposition semble plus contraignante :

*« L'absence de service fait par suite de grève entraîne une réduction proportionnelle du traitement ou salaire et de ses compléments conformément aux dispositions de la loi relative aux modalités de la grève dans les services public » (Loi N°2023-892 : Article 24).*

À ce sujet, voici ce que mentionne les modalités de la grève dans le Fonction Publique :

*« Quel que soit le mode de rémunération, la cessation du travail pendant une durée inférieure à une journée donne lieu à une retenue égale à la rémunération afférente à cette journée » (Loi N°92-571 : Article 8).*

Cette dernière disposition suggère que participer à une grève, ne serait-ce qu'une heure, entraine la retenue de toute la journée.

Que ce soit dans les entreprises privées ou dans la Fonction Publique, en principe, il incombe aux syndicats d'apporter une compensation financière aux travailleurs ayant participé à la grève. Des syndicats disposent de fonds à cet effet. D'autres ont même des caisses de grève permettant de soutenir financièrement les grévistes. Dans notre cas-ci, il convient de poser la question suivante : le syndicat disposet-il suffisamment de ressources financières pour soutenir les participants à la grève ? Le cas échéant, ces travailleurs sont-ils prêts à sacrifier tout ou partie de leur revenu en participant à la grève ? Les réponses à ces questions donnent une idée claire des risques encourus ainsi que la capacité des militants à rester mobilisés pour la cause défendue.

Un autre point à ne pas perdre de vue est la violence physique et/ou symbolique. La violence peut se situer à trois niveaux. Le premier est celui exercé physiquement et/ou symboliquement entre travailleurs. Les grévistes peuvent empêcher les membres des autres syndicats (s'il y en a plusieurs dans l'entreprise) ou les travailleurs refusant de participer à l'action collective. Le second niveau consiste à exercer la violence sur l'employeur ou ses représentants[15] et ses biens, c'est-à-dire sur sa personne et/ou les outils et moyens de production. Le dernier niveau se rapporte à la violence entre les grévistes et les forces de l'ordre invitées par l'employeur ou les services gouvernementaux en vue de protéger les biens et les personnes menacées ou susceptibles de l'être par les grévistes.

Dans tous les cas de figure, une question vient à l'esprit : doit-on recourir à la violence pour accentuer la pression sur l'employeur et atteindre ainsi les objectifs fixés ? Cette question est assez complexe. En effet, dans les faits, de nombreuses grèves aboutissent grâce à la violence exercée pour perturber structurellement la production et amener l'employeur à satisfaire les travailleurs. Comment donc s'en passer si tant qu'elle s'est plusieurs fois avérée efficace ? Et

15- Il arrive que lors d'une grève, l'employeur et/ou ses représentants soient séquestrés. On se souvient du Directeur des Ressources Humaines d'Air France, en l'occurrence Xavier Broseta qui s'est fait violenter lors d'un Comité Central d'Entreprise (CCE) pour avoir, semble-t-il, confirmé la suppression probable de 2900 postes.

pourtant, il faut bien, autant que faire se peut, s'en passer.

Les actes de violence accompagnant la grève constituent un motif suffisant autorisant l'employeur à procéder à un lock-out selon le Code du Travail :

> « *Le lock-out est la fermeture de tout ou partie d'une entreprise ou d'un établissement, décidée par l'employeur à l'occasion d'une grève des salariés de son entreprise.*
> *Le lock-out est prohibé et n'est exceptionnellement licite que lorsqu'il est justifié par un impératif de sécurité ou lorsque la procédure de déclenchement de la grève n'a pas été respectée.*
> ...
> *Le lock-out licite entraine la suspension du contrat de travail et dispense l'employeur de verser au salarié la rémunération habituellement due pour la période concernée » (Code du Travail, Article 82.3).*

Cet article suggère que l'employeur peut décider, de façon unilatérale de fermer l'entreprise lorsqu'il y a des actes de violence. La nature de la violence n'étant pas spécifiée, il peut ainsi qualifier de nombreux faits de violences et procéder à la fermeture de l'entreprise et ne pas verser aux salariés leur rémunération.

Au-delà de la suspension du contrat de travail et des pertes de revenus éventuelles, la violence pendant la grève est proscrite par la législation en vigueur. En ses articles 19 et 20, la Déclaration Universelle des Droits de l'Homme (DUDH) est formelle :

> ***« Article 19***
> *Tout individu a droit à la liberté d'opinion et d'expression, ce qui implique le droit de ne pas être inquiété pour ses*

*opinions et celui de chercher, de recevoir et de répandre, sans considération de frontières, les informations et les idées par quelque moyen d'expression que ce soit.*

***Article 20***

1. *Toute personne a droit à la liberté de réunion et d'association pacifiques.*
2. *Nul ne peut être obligé de faire partie d'une association.* » *(ONU, 1948).*

C'est dire que tout travailleur a droit à une opinion différente de ceux qui sont en grève ; il a également le droit de l'exprimer en toute quiétude. En outre, il ne peut être contraint à appartenir à une association (ici un syndicat) contre son gré, encore moins être obligé de participer à une activité (ici grève) contre sa volonté (OIT, 1948, Convention N°87 ; Convention N°98).

D'ailleurs, les textes en vigueur en Côte d'Ivoire proscrivent toute forme de violence lors des grèves et plus particulièrement à l'occasion des piquets de grève : « *Les piquets de grève qui s'accompagnent de violences ou d'entraves à la liberté du travail, par contrainte exercée sur les non-grévistes sont interdits* » (Code du Travail, Art. 82.4). Il convient de noter que cette disposition est récente, car elle ne figure pas dans le précédent Code du travail, notamment la Loi N° 95-15 du 12 janvier 1995 portant code du travail.

Le terme de violence n'est pas clairement défini, laissant ainsi la latitude à l'employeur, à l'autorité administrative et au magistrat de l'interpréter à sa guise. Des barricades érigées devant l'entreprise et empêchant les non-grévistes d'y avoir accès constituent-elles une forme de violence ? Des portiers postés devant l'établissement afin de dissuader ceux qui veulent aller travailler sont-ils une forme de violence ? Des injures ou des railleries à l'endroit des « *briseurs de grève* » constituent-elles une forme de violence ?

L'empirie montre que la tentation d'employer la violence est grande, tant envers ceux qui participent et adhèrent à la grève pour les canaliser et éviter les débordements, qu'envers ceux qui ne veulent pas en rejoindre les rangs. Il ne s'agit pas, ici, de justifier la violence, mais de l'analyser autrement. Les leaders syndicaux sont sous pressions, surtout lorsque l'échec se profile à l'horizon ; mais en cas de victoire, les avantages sont redistribués à tous, y compris ceux qui ont refusé de prendre part à la grève. La question qui se pose est de savoir s'il faut laisser ces derniers compromettre les actions quand bien même ils seraient de potentiels bénéficiaires. La tentation de les impliquer de force semble légitime même si elle n'est pas légale.

Concernant l'usage de la violence lors de la grève, le Code Pénal ivoirien va plus loin. En effet, il punit d'emprisonnement et d'amende ceux qui tentent ou usent de violence pour faire aboutir leur grève. À ce sujet, l'article 318 du Code Pénal stipule :

> *« Est puni d'un emprisonnement de six jours à trois ans et d'une amende de 50.000 à 500.000 francs ou de l'une de ces peines seulement, quiconque, à l'aide de violences, voies de fait, menaces ou manœuvres frauduleuses, amène ou maintient une cessation concertée du travail dans le dessein de forcer la hausse ou la baisse des salaires ou de porter atteinte au libre exercice de l'industrie ou du travail. La tentative est punissable. » (Loi N° 2019-574, Code Pénal, Article 342).*

Les grévistes courent donc le risque de faire un tour « par la case prison » ou se voir infliger une amende pour avoir tenté de contraindre un autre salarié à participer à la grève. Mais, ce n'est pas le seul motif pour se retrouver derrière les barreaux ou payer une amende.

Aussi les grévistes sont-ils souvent arrêtés par les forces de l'ordre et emprisonnés, parfois sans jugement. Le lundi 18 Juin 2018, des travailleurs qui protestaient ont été arrêtés comme le rapporte ce site d'information en ligne :

> *« Atsé Charles, Achegnan Matilde, Adou Koffi, Koudou Thierry, Diarrassouba Yacouba, Kouassi Jeanne, Badié Sekoué Simeon, sept des techniciens agronomes grévistes arrêtés lundi, lors de la manifestation de protestation du syndicat des Techniciens Agronomes de Côte d'Ivoire (Synataci) devant les locaux de la Caistab, ont finalement été libérés sous ordre du procureur de la République, tard dans la soirée de mardi.*
> *Ces derniers n'ont, finalement, pas été déférés à la Maison d'Arrêt et de Correction d'Abidjan (MACA) comme annoncée mardi par le secrétaire général du Synataci, Stéphane Tersia qui annonce, toutefois, l'arrestation de trois autres agents agronomes de la délégation venus représenter le secrétaire général pour engager les discussions avec les autorités judiciaires pour la libération de leurs camarades. » (Koaci, 2018).*

Ces arrestations sont loin d'être isolées. Selon les faits rapportés par la CSI (2018)[16] , entre 2015 et 2017, on estime à une cinquantaine, le nombre de personnes interpelées par les forces de l'ordre dans le cadre d'une grève. Toujours selon la CSI, les violences ne sont pas que physiques. Elles sont aussi symboliques. Elles concernent entre autres :

- des réductions des prestations ;
- le harcèlement ;

16- Il s'agit, ici, du Rapport des violations des droits syndicaux, liberté syndicale-négociation collective-grève.

- les menaces de licenciement ;
- les mutations des dirigeants syndicaux ;
- la suspension du versement des salaires des dirigeants syndicaux ;
- les interrogatoires par la police ;
- les enlèvements.

Un dernier risque à prendre en compte est la perception de l'opinion quant à la grève envisagée. Ce n'est plus un secrct pour personne, l'opinion, selon qu'elle est favorable ou défavorable, peut faire basculer le cours de la grève au profit de l'employeur ou des syndicats. Une grève cause toujours des désagréments aux usagers de biens et/services offerts par une entreprise. Il est donc nécessaire de se faire une idée plus ou moins précise de comment sera accueilli l'arrêt de travail.

À titre illustratif, pour des médecins en grève, les malades sont directement affectés ; leurs proches et l'opinion sont indirectement affectés et potentiellement des victimes de cet arrêt de travail. Quelles que soient les causes défendues, aussi justifiées soient-elles, il n'est pas certain qu'ils aient l'opinion de leur côté. Ceci peut éroder le capital de sympathie à leur endroit et autoriser des mesures énergiques du Gouvernement qui, lui, a l'opinion favorable à ce moment précis.

Ces médecins peuvent se voir, par exemple, réquisitionnés comme l'autorise la législation ivoirienne, à tout le moins, la jurisprudence. En effet, dans des conditions similaires, les enseignants et autres fonctionnaires en grève, dont des médecins ont été contraints de reprendre le travail après que le Gouvernement a pris le Décret N°83-432 du 29 avril 1983 portant réquisition des personnels d'État des enseignements supérieurs, de la recherche, de l'enseignement du second degré, de l'enseignement technique et de la formation professionnelle, des médecins, des pharmaciens, des chirurgiens-dentistes et des vétérinaires.

Pour éviter de tels désagréments qui inhiberaient la grève et réduiraient pratiquement les buts poursuivis, il convient de prendre la mesure de l'opinion, et si possible, l'intégrer dans l'équation. Ce qui permettra de réorienter la stratégie. Le texte qui suit donne un aperçu de la prise en compte de l'opinion dans une grève :

> *« Au Portugal, par exemple, des chauffeurs de bus qui demandaient une hausse des salaires ont laissé les usagers prendre le bus gratuitement. De cette manière, la grève fait perdre de l'argent aux employeurs tout en attirant le soutien du public. » (Wikihow, 2019).*

Le faire autrement, c'est-à-dire marquer un arrêt de travail, aurait causé d'énormes préjudices aux usagers. Les stratèges du syndicat ont donc choisi d'en faire des partenaires et des alliés.

Ce qui précède traduit clairement les risques encourus par les leaders syndicaux ainsi que les militants qui envisagent de s'engager dans une grève. Les différentes formes de violence exercées par l'employeur à l'occasion des grèves répondent à une stratégie bien connue : briser la grève. Du point de vue de la tactique, elles visent à détourner l'attention des grévistes pour les focaliser sur des objectifs artificiellement créés. Lorsqu'un ou plusieurs leaders ou même des militants sont interpellés ou licenciés lors d'une grève, l'un des objectifs majeurs devient leur libération ou leur réintégration, occultant ainsi l'objectif principal ou la contradiction principale.

Ces personnes deviennent, pour les dirigeants d'entreprise ou pour les pouvoirs publics, un moyen d'échange à l'occasion d'un éventuel dialogue. En effet, libérer ou réintégrer un gréviste peut donner « une fausse impression » en montrant que l'autre partie a fait des concessions et qu'il revient aux syndicats d'en faire. C'est pourquoi ceux qui planifient la grève doivent envisager toutes ces situations et les intégrer à leurs stratégies de manière à ne pas être réorientés vers d'autres objectifs par l'employeur et/ou l'administration. À présent, il est possible de définir une stratégie en tenant compte des risques envisageables et surtout, se donner les moyens de les contourner si d'aventure ils se présentaient lors de la grève.

### 1.5.2. La définition de la stratégie

La stratégie s'appuie sur la présentation du contexte et des objectifs identifiés plus haut. Le problème à résoudre est de savoir comment parvenir à atteindre les objectifs. On y arrive en procédant de la façon suivante : en premier lieu, une analyse contextuelle qui est suivie du choix du type de grève et enfin, l'identification des moyens pour atteindre les objectifs.

La définition de la stratégie consiste, d'abord, en une fine analyse du contexte économique, politique et social de l'environnement de l'entreprise. De même, on procédera par une appréciation objective du niveau de mobilisation des militants et leur aptitude ou non à participer à la grève. Aussi, l'on s'assurera du soutien éventuel de la centrale syndicale (si le syndicat est affilié), des autres syndicats (s'il y en a plusieurs dans l'entreprise) ainsi que les partenaires et autres acteurs impliqués directement ou non dans la grève.

Cette analyse conduit ensuite au choix du type de grève. Comme nous l'avons vu dans la typologie de la grève, chacune d'elle correspond à un contexte particulier ; la perspicacité du stratège consiste à identifier la grève adaptée au contexte qui prévaut. Dans une entreprise où les militants ne sont pas suffisamment motivés pour une ou plusieurs raisons, une grève-bouchon convient parfaitement. Elle requiert un nombre réduit de grévistes à un ou des postes stratégiques.

On identifie, enfin, les moyens nécessaires pour atteindre les objectifs. Le choix du type de grève détermine les moyens à mobiliser. Une grève perlée ou une grève des bras-croisés, par exemple, qui ne nécessite pas d'arrêt de travail requiert, de ce fait, moins de ressources qu'une grève générale qui exige un arrêt complet de la production à une large échelle. De plus, l'identification des moyens de communication, des ressources financières et des hommes est nécessaire à ce stade.

Mais, tout ceci n'est possible que si l'on a pris le soin de saisir, par un moyen ou par un autre, les aspirations et les attentes des militants. On pourra recourir à des enquêtes d'opinion, de satisfaction, des sondages ou toute autre enquête à cet effet. De même, on pourra utiliser des groupes de discussion, des rencontres, des réunions techniques et même une Assemblée Générale en fonction de l'importance du ou des problèmes soulevés nécessitant la grève. En fait, il est inconcevable de formuler une stratégie sans les acteurs concernés qui seront invités à participer à une grève.

### 1.6. Le dépôt du préavis de grève

Le préavis de grève, selon que l'on est dans la Fonction publique ou le secteur privé, vise le même objectif : tenir l'employeur informé afin que ce dernier prenne les dispositions nécessaires pour réorganiser la production. S'il constitue pour certains une limitation à la grève, pour d'autres, en revanche, il vise à donner une chance aux négociations et éviter, *in fine*, de recourir à la grève.

Les procédures diffèrent, cependant, selon que le syndicat est à la Fonction Publique ou dans une entreprise privée comme nous l'avons vu dans le chapitre 4[17]. En réalité, dans le secteur public, le préavis de grève intervient, on pourrait le dire, à mi-parcours dans le processus. Lorsque le conflit naît, il y a une tentative de conciliation obligatoire au niveau du service concerné avec des agents du Ministre chargé de la Fonction Publique. En cas d'échec, le Chef de Gouvernement tente une autre conciliation. S'il y a à nouveau échec, alors les syndicats déposent le préavis de grève auprès du Ministre chargé de la Fonction Publique.

Dans le secteur privé, en revanche, c'est le dépôt de préavis de grève qui déclenche le processus de négociation, notamment la conciliation, la médiation ou l'arbitrage. En cas d'échec et après épuisement des différentes procédures, les syndicats sont autorisés à faire la grève conformément aux articles 82.18 du Code du Travail et 11 et 12 du Décret N°96-208 du 7 mars 1996 relatif à la Procédure de conciliation concernant le différend collectif de travail.

Dans la Fonction Publique, la législation en vigueur est quelque peu avare sur le contenu du préavis de grève. L'article 5 de la Loi N°92-571 du 11 Septembre 1992 relative aux modalités de la grève dans les services publics dit seulement qu'il « *... précise les motifs de recours à la grève...* ». Mais dans le secteur privé, nous avons quelques informations sur ce document (Code du Travail, Article 82.6). C'est un document écrit adressé à l'autorité compétente qui peut être l'Inspecteur du Travail du ressort ou l'autorité préfectorale. L'expérience a montré que certains syndicats se sont contentés d'une ou plusieurs réunions avec le responsable d'entreprise et avaient jugé que cela était une condition suffisante et nécessaire pour déclencher la grève. En outre, il doit comporter les raisons et les revendications à l'origine du conflit.

---

17- Voir les points 2.1.3 et 2.2.1

Dans tous les cas de figure, que l'on soit dans le public ou le privé, le préavis de grève est un préalable à la grève (Loi N°92-571, Article 4 ; Code du Travail, Article 82.5 et 82.18 ; Décret N°96-208, Article 11). C'est pourquoi il doit être impérativement déposé par les syndicats s'ils ne veulent pas que leur grève soit frappée d'illicéité. Une fois cela fait et que la grève devient de plus en plus plausible, il convient de mettre en place l'équipe chargée de la conduire.

## 2. LA PRÉPARATION DE LA GRÈVE

Du fait de sa complexité, la grève n'est pas aisée. On pourrait dire qu'il s'agit d'un « *mal nécessaire* ». En effet, recourir à la grève comporte de nombreux risques ; mais c'est dans bien des cas, le seul moyen à la disposition des travailleurs pour se faire entendre et obtenir une meilleure redistribution de la production. En général, les détenteurs des moyens de production, leurs représentants, les chefs d'entreprises, etc., préfèrent le *statu quo* lorsqu'il n'est pas possible de tirer par le bas les acquis des salariés.

Plus que toute autre chose, la grève est une lutte sans merci entre deux acteurs aux intérêts parfois inconciliables. C'est pour cette raison qu'elle doit être menée avec le plus grand soin. La préparation comporte la réunion de préparation, la mise en place de l'équipe de grève, la réunion de préparation des militants et la sensibilisation des partenaires et de l'opinion.

### 2.1. La réunion de préparation

Les différentes étapes de la planification autorisent à tenir cette réunion qui passe en revue les acquis et envisage les actions futures. C'est le lieu de vérifier et de s'assurer que la machine est prête et n'attend que le moment opportun pour être lancée. On pourra réajuster, si besoin est, le contexte en fonction de l'évolution de la situation qui prévaut dans l'entreprise. De même, on reverra les différents points faisant l'objet de revendication avant de les consigner définitivement dans un document pouvant faire l'objet de mémorandum qu'on pourra déposer auprès de l'employeur.

Le mémorandum présente, d'abord, le contexte avant de revenir sur les revendications ; et enfin, fournir des pistes de solutions et de propositions qui aideront l'employeur, soucieux de prévenir efficacement les conflits, à anticiper pour éviter la grève. Rappelons que les syndicats doivent se garder, autant que faire se peut, de recourir à la grève. Ce n'est vraiment que le dernier recours lorsque toutes les voies de négociation formelles et informelles sont épuisées.

D'expérience, il ressort que certains employeurs sont disposés à travailler harmonieusement avec leurs salariés ; mais ils ne comprennent pas toujours les positions des travailleurs quand bien même ils seraient animés de bonne foi. Il convient de donner l'opportunité à ces chefs d'entreprise qui constituent, dans un mode de production capitaliste, une espèce en voie de disparition qu'il faut « ménager » afin qu'ils puissent s'exprimer.

À présent, il est possible de rédiger définitivement, et en toute connaissance de cause, le préavis de grève à déposer où de droit pour ce que de droit. En ce qui concerne l'employeur, le préavis de grève pourra, s'il y a lieu, être déposé avec le mémorandum.

### 2.2. La mise en place de l'équipe de grève

Bien que le syndicat soit déjà organisé et structuré, il s'avère tout de même nécessaire de mettre en place une équipe spécialement dédiée à la grève. Il s'agit d'une organisation *ad hoc* spécialement pour la manifestation. Il n'existe pas d'organisation standard à cet effet. Chaque grève, en fonction de ses exigences, de la taille de l'entreprise, du nombre de militants, des enjeux, etc., peut avoir une organisation plus ou moins grande. Il est judicieux de concevoir une organisation suffisamment légère, flexible et adaptée, de sorte à éviter une « bureaucratisation » qui pourrait alourdir la machine.

Pour l'exemple pris plus haut, six unités, cellules ou comités conviendront parfaitement. Dans le cadre de cet exemple, nous choisirons l'unité :

1. **une unité de coordination de la grève ;**

   Elle est chargée de la coordination de la grève ; elle centralise toutes les informations et veille au déroulement régulier de la grève. En outre, elle conduit les négociations lorsque l'employeur ou les pouvoirs publics appellent à des discussions ou lorsque le syndicat le demande. Elle a sous sa responsabilité toutes les autres unités. Elle est dirigée par le Secrétaire Général qui est aidé dans sa tâche par un adjoint et trois autres membres. On veillera à ce que ce nombre soit impair. En cas de délibération suivie de vote, il est plus facile de trancher. Il se réunit chaque fois que la situation l'exige et à la fin de chaque journée.
2. **une unité chargée des finances**

   Elle est chargée d'effectuer les achats ; elle travaille en étroite collaboration avec celle chargée de la logistique. Elle veille à la gestion parcimonieuse du budget en vue d'atteindre les objectifs. Elle est dirigée par une responsable et au moins deux adjoints.

3. **une unité chargée du suivi et de la gestion de la grève ;**

   Elle veille au déroulement effectif de la grève. Elle comprend un responsable et deux adjoints au moins. À ceux-là, il faut adjoindre les personnes chargées d'animer les piquets de grève. Elle est également chargée de la mobilisation des militants ainsi que de la cohésion du groupe. Cette unité entretient la mobilisation par les chants, les poèmes et les débats pour obtenir une plus grande participation des militants.

4. **une unité chargée de la communication ;**

   La communication est un aspect très important lors d'une grève. Celui qui contrôle l'information peut faire basculer le cours des évènements à son profit. Cette unité est donc chargée de gérer ce pan important de l'activité. Avant la grève, elle conçoit les messages et les slogans à apposer sur les banderoles, les affiches et les prospectus.

   Pendant la grève, elle est en contact permanent avec les autres unités pour centraliser toutes les informations afin de diffuser celles qu'elle juge utiles. Aussi est-elle en étroite relation avec les organes de presse pour informer l'opinion sur les causes et surtout le déroulement de la grève. Elle s'assure de la distribution des prospectus.

   Avec l'avènement du numérique, elle s'occupe des réseaux sociaux en publiant les messages et en recueillant les commentaires pour analyse. Elle anime également le site web du syndicat et tient, en temps réel, les internautes informés. En outre, elle conçoit des messages courts et simples pour les militants qui sont invités à les faire suivre à leurs proches et connaissances via les téléphones portables et les tablettes.

Après la grève, elle recueille toutes les informations relatives à la manifestation pour analyse en vue de dresser un bilan on ne peut plus exhaustif. Elle est composée d'un responsable et deux adjoints au moins.

5. **une unité chargée de la logistique ;**

   Cette unité est chargée de mobiliser toute la logistique nécessaire pour les activités de la grève. Selon le budget conçu à la section 1.2 du présent chapitre. Évidemment, il s'agit des tee-shirts, des banderoles, des pancartes, des mégaphones, des prospectus, des glacières, de la glace, du jus de fruits, de l'eau minérale et du repas. Elle doit s'assurer que ces éléments sont toujours disponibles pendant toute la durée de la grève. Elle est dirigée par un responsable qui est aidé dans sa tâche par deux adjoints au moins.

6. **une unité chargée de la sécurité.**

   Elle est chargée d'assurer la sécurité des personnes, de leurs biens ainsi que de l'espace abritant les manifestations. De même, elle veille à ce que des éléments extérieurs ne viennent perturber la manifestation de peur de la discréditer aux yeux des militants et de l'opinion dont le soutien est très attendu à cette occasion.

Idéalement, les responsables de ces unités sont ceux des différents secrétariats. Par exemple, l'unité chargée des finances devrait être dirigée par le Secrétaire aux Finances du syndicat. Mais, il peut être tout aussi membre de l'unité de coordination. En effet, s'il y a des négociations qui s'ouvrent lors de la grève, sa présence peut s'avérer capitale. C'est pourquoi ce poste ne devrait pas être délégué à un autre membre du syndicat. Il est, par ailleurs, recommandé d'intégrer des sous-unités à ces unités. En effet, les sous-unités seront animées par des militants de base qui seront responsabilisés à l'effet de les amener à contribuer davantage au succès des activités des unités.

Toutefois, il peut arriver qu'il y ait plusieurs syndicats dans l'entreprise qui participent à la grève. Dès lors, les désignations aux différents postes des unités identifiées devront maintenir le cap en vue du renforcement de la cohésion du groupe. Ces unités sont à titre illustratif. Chaque syndicat pourra l'adapter à sa situation particulière dans le cadre d'une grève. Une fois l'équipe de la grève installée, une ou des rencontre(s) avec les militants s'avère (ent) nécessaire(s).

### 2.3. La réunion de préparation avec les militants

Les militants n'occupant pas de fonction dans le bureau du syndicat, doivent être tenus informés des démarches en cours et des préparatifs de la grève. De même, ils doivent être sensibilisés sur les causes ainsi que les raisons pour lesquelles un arrêt de travail s'impose. Une réunion doit, à cet effet, être tenue avec eux. À ces occasions, on leur présentera tout ce qui a été fait et ce qui reste à faire.

Par la même occasion, on les impliquera dans la sensibilisation qui, aujourd'hui, s'étend aux réseaux sociaux. Ils pourraient visiter le site du syndicat et apporter des commentaires constructifs en vue, non seulement de se préparer, mais également de préparer les autres militants et même l'opinion aux actions envisagées. Ils sont invités à investir aussi les autres réseaux sociaux pour amplifier la sensibilisation et l'étendre à diverses couches et catégories sociales présentes sur la toile.

Ces réunions peuvent prendre plusieurs formes, notamment des réunions techniques, des meetings, des Assemblées Générales, etc. Ce sera également l'occasion de recueillir, une fois de plus, leurs attentes et leurs aspirations. En outre, on les invitera à intégrer les sous-unités mises en place dans la section précédente. D'un point de vue juridique, il s'agit de sacrifier à la notion de « *concertée* » contenue dans la définition de la grève (Code du Travail, Article 82.2).

### 2.4. La sensibilisation des partenaires et de l'opinion

Avant le déclenchement de la grève, certains acteurs, notamment les partenaires, doivent être sensibilisés relativement aux raisons de la grève. Les partenaires dont il est question, ici, sont les autres syndicats de l'entreprise, s'il y en a de même que les syndicats de la branche et ceux du même secteur d'activité. Il en va de même pour la centrale syndicale si le syndicat a une affiliation.

Aussi la population ou l'opinion doit-elle être informée de la grève. En effet, si elle doit être effectuée d'une manière ou d'une autre par l'arrêt de travail, il convient de l'en informer et lui expliquer les raisons qui motivent cette grève afin qu'elle prenne des dispositions. Comme nous l'avons fait remarquer plus haut, l'attitude favorable ou défavorable de l'opinion peut faire basculer le cours d'une grève. Il est donc important qu'elle soit sensibilisée sur les préoccupations des travailleurs avant la manifestation.

De même, les partenaires de l'employeur doivent être sensibilisés. Il s'agit des organisations patronales, de ses contacts et de ses sous-traitants. Ces acteurs qui peuvent voir leurs activités affectées par la grève doivent être également sensibilisés. Par la même occasion, les concurrents peuvent être sensibilisés sur les conditions de production. Naturellement, les stratégies qu'ils peuvent adopter pour capter une partie de la part de marché de l'employeur peuvent amener ce dernier à revoir sa copie.

Dans cette perspective, la sensibilisation peut se faire à travers des rencontres formelles ou informelles. Elle peut également se faire par des courriers, des courriels, des messages sur les réseaux sociaux, etc. Les autres, notamment l'opinion et les concurrents de l'employeur, la presse syndicale, s'il en existe, peuvent s'avérer utiles, y compris la presse écrite, audiovisuelle et le site internet du syndicat ou des organisations affiliées ou tout autre site Internet d'information généralisée ou spécialisée. On pourra également utiliser les SMS et les réseaux sociaux à cet effet. Dès lors que la planification est faite, la grève peut être déclenchée.

## 3. LA GRÈVE PROPREMENT DITE

Après la planification et la préparation vient la grève elle-même. Il s'agit de la mise en œuvre concrète des actions définies dans les étapes précédentes.

### 3.1. Le déploiement des différentes équipes

Les équipes constituées lors de la phase de préparation se mettent en place. Chaque équipe met en œuvre son mandat et les consignes d'usage en vue de faire aboutir la grève. Il sera donc question d'amener l'employeur à satisfaire les revendications des travailleurs. Avant toutes les autres équipes, celle chargée de la logistique se met en place et s'assure que tout le matériel nécessaire au succès de l'activité est disponible.

Bien entendu, l'équipe en charge des finances aura mis à sa disposition les moyens pour qu'elle puisse remplir ses missions. Un dysfonctionnement dans la fourniture du matériel peut donner l'impression d'un manque de préparation de la manifestation. C'est pourquoi la coordination doit être parfaite et toutes les équipes devraient travailler en synergie pour atteindre un tel résultat.

### 3.2. Les piquets de grève

Dans le même temps, l'unité en charge de la gestion et du suivi de la grève dispose, avec celle chargée de la logistique, les manifestants aux endroits identifiés lors de la préparation. Elle met en place les piquets de grève en fonction du nombre de participants, la taille de l'entreprise, la stratégie adoptée, etc. Le piquet de grève est un rassemblement de manifestants animés par des responsables syndicaux ou par de simples manifestants le cas échéant. Il est ponctué de discours en vue de galvaniser les grévistes et les autres participants. De même, il y a des danses, des chants, des sketches, des poèmes, etc., articulés autour de la thématique centrale de la grève.

À cette occasion, les participants brandissent des pancartes et les banderoles de façon ostentatoire pour attirer davantage l'attention des passants, de la presse et de l'opinion. Le piquet de grève est également un cadre d'information et de sensibilisation dans la mesure où il permet de sensibiliser non seulement les militants, mais également les autres acteurs sur les conditions de vie et de travail des grévistes ainsi que sur les conditions de production de l'entreprise. Aussi le piquet de grève sert-il à sensibiliser les travailleurs affiliés à d'autres syndicats (lorsque l'entreprise en comporte plusieurs) ou les militants indécis ou ceux gagnés par la peur. Il convient de leur présenter les raisons et les enjeux de la grève sans occulter des retombées auxquelles ils auront effectivement droit en cas de succès.

C'est le lieu également de former les militants sur les droits syndicaux et plus particulièrement le droit à la grève. Dans un contexte où la formation syndicale est timide, le piquet de grève est une occasion parmi tant d'autres, de former, ne serait-ce que de façon informelle, les militants. C'est pourquoi il est préférable que le piquet de grève soit animé par des leaders syndicaux eux-mêmes formés à juste titre.

### 3.3. Gestion de la communication

Durant tout ce temps, l'unité chargée de la communication s'active à immortaliser la manifestation à travers des prises de vues et des vidéos qu'elle publie sur les réseaux sociaux et recueille les commentaires. Elle reste en contact permanent avec les différents organes de presse et s'assure du traitement en temps réel de l'information relative à la grève. Elle fournit également les statistiques de la grève, surtout la mobilisation des militants, la position de l'employeur, les perspectives. Les statistiques de la grève, notamment le nombre de participants et le taux de participation sont indispensables pour un bilan ultérieur.

### 3.4. Gestion de la sécurité

L'équipe en charge de la sécurité veille à ce que la manifestation se déroule sans heurts. Si la grève est encadrée par la police, elle interagit avec elle pour coordonner la sécurité des grévistes autant que celle des travailleurs qui ne participent pas à la grève. Elle s'assure, en outre, de la synergie entre les différentes équipes et coordonne leurs activités en lien avec la sécurité.

### 3.5. Le suivi de la grève

L'équipe en charge du suivi et de la gestion de la grève, notamment l'unité de coordination, supervise le déroulement de la manifestation. Elle s'assure qu'il n'y a pas de débordements et que tout fonctionne comme planifié. Elle collecte toutes les informations auprès des différentes équipes qu'elle apporte à l'unité de coordination pour analyse. Elle effectue le suivi de la grève et coordonne toutes les activités. Elle centralise toutes les informations et les traite en temps réel. En cas de difficultés, d'impondérables ou d'imprévus, elle prend les décisions nécessaires en vue de mener à bien la grève.

Si nécessaire, les différentes équipes doivent tenir des réunions pour apporter des ajustements au développement de la grève. Ces réunions servent également à juger l'état ainsi que l'évolution de la situation, notamment en ce qui concerne les partenaires, l'employeur, la presse, l'opinion, les réseaux sociaux, etc. Il est important de souligner que ces fonctions ne dispensent pas les membres des différentes équipes de participer à la grève. Après la grève, il convient de dresser un bilan.

## 4. L'ÉVALUATION DE LA GRÈVE

Au cours et à la fin de la grève, un bilan s'impose. Il permettra, justement, de ressortir les acquis ainsi que les points de désaccord et de dégager les perspectives pour les étapes suivantes. L'évaluation porte sur les réunions journalières, le point de la situation, la réunion avec les militants et l'information des partenaires.

### 4.1. Les réunions journalières

Si la grève s'étend sur plusieurs jours, on reprend le processus décrit dans la section précédente et ce, chaque jour. À la fin de chaque journée, les différentes équipes font leur bilan, à la suite duquel elles se rencontrent toutes pour faire un bilan global. À cette occasion, chaque équipe met en exergue les points saillants de ses activités. Elle souligne les forces autant que les faiblesses de ses activités. Elle propose des solutions pour mitiger les dysfonctionnements éventuels enregistrés au cours de la journée et des pistes pour améliorer ce qui n'a pas marché ; elle dégage également des perspectives ou des actions innovantes pour les jours suivants.

À la fin de la grève, toutes les équipes se réunissent pour faire un bilan suivant la même démarche adoptée dans les équipes.

### 4.2. Le point de la situation

Il se fait à la fin de la grève et permet de dresser le bilan global des activités, d'établir la liste des acquis, les points d'accord et les désaccords avec la direction. C'est également l'occasion de dresser un bilan de la mobilisation des militants et leur état d'esprit. Le point du traitement de la grève dans la presse et sur les réseaux sociaux également est à considérer.

En somme, chaque équipe est invitée à faire son bilan. Une fois cette étape passée, il convient d'adopter la conduite à tenir, à savoir la poursuite ou l'arrêt de la grève. En effet, à l'aune des résultats obtenus, satisfaisants ou non, les différentes équipes peuvent décider de continuer, de suspendre ou d'arrêter la grève.

Cette réunion devra se tenir immédiatement après la grève ; et les décisions envisagées, au nom du centralisme démocratique, doivent être soumises aux militants qui, en dernier ressort, décident de la conduite à tenir. Ce qui permettra d'avoir une position commune.

### 4.3. La réunion d'évaluation avec les militants

Les militants sont conviés à une réunion qui peut prendre la forme d'une Assemblée Générale. Les leaders syndicaux présentent la situation, dressent le bilan de la grève en relevant les acquis, s'il y a lieu, ainsi que les points qui ne sont pas satisfaits. Les militants sont, alors, invités à se prononcer sur la grève en général, et sur la conduite à tenir en particulier. En ce qui concerne la conduite à tenir, deux cas de figure peuvent se présenter.

Dans le premier cas, les leaders syndicaux et les militants ont une position identique quant à la poursuite ou à l'arrêt de la grève. Les leaders syndicaux entérinent donc la décision de l'Assemblée Générale et prennent les dispositions pour l'exécution de cette décision.

Dans le second cas, les leaders syndicaux et les militants ont des positions divergentes sur la conduite à tenir. Cette situation est plus délicate. Une façon de la résoudre simplement est de soumettre la question à un vote. Mais il faut, bien sûr, tenir pour acquis que l'unanimité autant que la majorité ne constituent pas un critère de vérité. L'expérience montre qu'il existe toujours une asymétrie d'information entre les leaders syndicaux et les militants. Il va sans dire que ces derniers jugent de façon limitée puisqu'ils ne disposent pas de toutes les informations. De ce fait, leurs décisions peuvent être biaisées.

Sacrifier au centralisme démocratique dans toutes les circonstances, peut donc s'avérer être une erreur tactique de la part de la direction du syndicat. Il faut, de ce point de vue, s'assurer que tous les acteurs soient au même niveau d'information. Sinon, il convient de convaincre les militants sur l'option proposée par les dirigeants syndicaux et qui est différente de celle de la majorité.

### 4.4. L'information aux partenaires

Une fois que l'Assemblée Générale (AG) a adopté une position, les dirigeants informent les différents acteurs concernés, notamment les partenaires, l'opinion et tous les autres acteurs impliqués directement ou indirectement. On usera des canaux habituels, en l'occurrence les courriers, les courriels, les SMS, la presse audiovisuelle, le site du syndicat et tous les autres sites pertinents à cet effet.

# CHAPITRE 6

# LA CONDUITE DE LA NÉGOCIATION

## 1. LA PRÉPARATION DE LA NÉGOCIATION

### 1.1. Les prérequis

Il s'agit, ici, des différents points développés dans le cadre de la préparation de la grève.

#### 1.1.1. Les revendications

C'est le moment de répondre à la question suivante : qu'est-ce que nous devrons obtenir après les négociations ? À ce niveau, il faut faire preuve de réalisme en posant une autre question : qu'est-ce qu'il est possible d'obtenir ? À titre d'exemple, après une analyse des salaires pratiqués dans leur secteur d'activité, si le syndicat constate que ceux de l'entreprise sont en dessous de la moyenne, il dispose d'un argument de poids pour demander une hausse des salaires.

Mais là encore, il faudrait analyser les documents de l'entreprise pour s'assurer qu'elle peut, dans l'état actuel des choses, accéder à cette hausse sans agir négativement sur sa trésorerie et/ou la survie de l'entreprise. Si cela ne présente aucun danger, alors, ce point peut constituer un objectif réaliste.

Les réponses aux questions posées et les résultats de l'analyse serviront à formuler les revendications en adoptant la même démarche que celle de la grève[18]. Elle est pleinement valable ici.

### 1.1.2. Les objectifs

Il importe d'adopter la même approche que dans le cadre de la grève[19] pour définir l'objectif général et les objectifs spécifiques. Ils serviront visiblement à réaliser toutes les actions nécessaires pour le succès de la grève.

### 1.1.3. Le plan

La négociation ne nécessite pas une logistique aussi importante que la grève. Il est, toutefois, préférable d'élaborer un plan pour avoir une feuille de route pour les actions à réaliser. On pourra également s'inspirer de la démarche adoptée en ce qui concerne la grève[20]. Si nécessaire, on pourra élaborer un budget et un chronogramme détaillé des différentes activités à mener.

## 1.2. L'ordre du jour

Il est très important si bien que les points de discussions doivent être minutieusement positionnés aux endroits adéquats de l'ordre du jour. Un point capital placé en dernière position de l'ordre du jour risque de compromettre les discussions et même les négociations. Cela peut conduire à un report des discussions donnant ainsi une marge de manœuvre importante à la partie adverse qui ne peut que s'en frotter les mains. Les

---

18- Section 1.1, chapitre 5.

19- Section 1.2, chapitre 5

20- Section 1.3, chapitre 5.

revendications les plus importantes doivent donc être abordées dans les premiers points de l'ordre du jour.

C'est une stratégie bien connue que de tenter de mettre les éléments capitaux dans les derniers points de l'ordre du jour pour que la partie adverse soit épuisée ; et que ses membres ne puissent plus conduire les discussions avec la même énergie de départ. C'est pourquoi lors de l'adoption de l'ordre du jour, les syndicats devront s'assurer que les revendications importantes seront discutées en premier lieu où ils disposent encore de toutes leurs capacités. Mais ceci n'est pas une fatalité, car cela peut procéder d'une stratégie que de mettre les points importants à la fin de l'ordre du jour. Dans ce cas, il se peut que les premiers points ne soient pas consistants et devront être évacués très rapidement pour consacrer un temps relativement long aux points essentiels.

À présent, il est possible de définir une méthode pour la conduite des négociations.

### 1.3. La méthode de négociation

C'est l'ensemble des moyens et des outils à utiliser pour atteindre les objectifs fixés suivant le plan établi. Il s'agit de répondre à la question suivante : comment devons-nous procéder pour faire accepter nos revendications par la partie adverse ? Selon le sujet, une simple argumentation peut s'avérer nécessaire. Mais, il serait mieux de soutenir ces arguments par des preuves. C'est l'occasion de ressortir toute la documentation mobilisée (lois, décrets, conventions collectives, chiffres, statistiques, etc.) lors de la préparation. Est-il nécessaire de se faire assister par des personnes ressources (experts, spécialistes, conseil juridique, etc.) ? Si leur présence est autorisée, ils pourront intervenir en fonction des points à l'ordre du jour les concernant. S'ils ne sont pas autorisés à prendre part aux discussions, on pourra envisager des suspensions de séance pour les consulter et poursuivre les débats.

Toujours en ce qui concerne la méthode, le syndicat devra définir, pour les négociateurs, un mode de communication personnalisé, c'est-à-dire un ensemble de signes et de codes à utiliser lors des discussions. En effet, les négociateurs doivent, dans certains cas, lorsque cela s'avère nécessaire, communiquer entre eux sans que la partie adverse ne puisse en saisir le contenu (CISL et CMT, sans date). Cela dit, les négociateurs doivent eux-mêmes maîtriser les signes et les codes de ce langage.

En outre, il est possible de s'intéresser à la forme à donner aux discussions. S'agit-il d'une négociation de position ou d'une négociation raisonnée ? Chacune de ces approches a ses avantages et ses inconvénients comme l'a souligné Landier (2007). Mais avant tout, qu'est-ce que la négociation de position et qu'est-ce que la négociation raisonnée ?

Selon cet auteur :

> *« Dans la négociation de positions, chaque camp a pour objectif de chercher à obtenir ce que l'autre ne souhaite pas concéder, ou à maximaliser l'échange à son profit. Elle se situe dans le cadre d'un rapport de forces potentiel ou explicite. L'objectif est d'obtenir le plus possible de l'autre, et non de chercher une solution équilibrée » (Landier, 2007 : 208).*

Dans la négociation raisonnée en revanche, chaque partie fait prévaloir ses vues, les affirme, exerce des pressions pour les obtenir tout en faisant des concessions (Landier, 2007).

Il ressort de ces définitions que la négociation de positions convient mieux à un contexte de rapport de forces inégalitaires comme le fait remarquer l'auteur. Mais, elle peut tout aussi procéder d'une stratégie. En effet, s'il est avéré que lorsque la partie adverse est en position de force et qu'on ne dispose pas de tous les éléments pour atteindre les objectifs, elle peut aider à prolonger les discussions en raison des tensions engendrées et de l'atmosphère délétère qui en découle. Les décisions prises permettent juste de gagner du temps. Lorsque le rapport de force semble être favorable, on peut revenir à la charge.

Cependant, si pour une raison ou pour une autre (rapport de forces, situation de l'entreprise, contexte, environnement, refus systématique du conflit ouvert, etc.), le syndicat se rend compte que le rapport de force n'est pas en sa faveur, alors la négociation raisonnée est la meilleure alternative. En fait, avec la négociation raisonnée, les acteurs se focalisent sur les intérêts, laissant de côté tout ce qui peut les compromettre, notamment l'égo, les antécédents, les contradictions de classe, les divergences liées à l'appartenance de groupes sociaux différenciés, etc. En revanche, en ce qui concerne les négociations de position, les acteurs sont focalisés sur des positions déterminées par des valeurs, des idéologies, des antagonismes, etc. Les intérêts importent peu. Le choix de l'un ou de l'autre est déterminé par le contexte et l'environnement dans lequel les négociations ont lieu.

### 1.4. Les perspectives

Au niveau des perspectives, on pourra évaluer les acquis de la négociation, les moyens de contrôle et des revendications obtenues, la définition des prochaines étapes et l'identification des institutions et des juridictions compétentes directement impliquées dans le ou les problème(s) à traiter lors des négociations.

Il est conseillé de s'appesantir sur la forme des acquis de la négociation. À ce niveau, il faut se poser la question de savoir s'il s'agit d'un simple texte, d'un accord collectif d'établissement, d'une convention collective, etc. En fait, la nature du problème en question détermine la forme du texte donné. S'il s'agit d'un problème simple, on peut alors choisir un simple texte pour notifier les résultats obtenus lors de la négociation avec la partie adverse. S'il s'agit d'un problème qui se pose avec une acuité particulière et qui concerne la majorité des travailleurs de l'entreprise par exemple, dans ce cas de figure, on peut choisir un accord collectif d'établissement. Si en revanche, le problème traité concerne tout un secteur d'activités ou d'une branche, alors dans ces conditions la convention collective conviendrait mieux. Mais dans tous les cas de figure, les syndicats devront veiller à ce que les accords soient consignés par écrit d'une manière ou d'une autre.

Les moyens de contrôle pour faire avancer et/ou faire appliquer les points des revendications obtenus doivent aussi retenir l'attention des syndicats dans l'élaboration de la stratégie. À cet effet, il convient de poser la question ci-après : de quels moyens et/ou de quelles ressources disposons-nous pour amener l'employeur à respecter les engagements pris lors de la négociation ? On pourra se référer aux sections précédentes pour répondre à cette question. Il s'agit :

- d'évaluer la mobilisation des militants ;
- d'évaluer les ressources financières disponibles en cas de non-respect des engagements de l'employeur ;
- de s'assurer de la solidité des alliances avec les autres syndicats, les ONG, les partis politiques, etc. ;
- d'analyser l'environnement sociopolitique du pays ;
- etc.

Une telle analyse permet de déterminer ses forces et ses faiblesses, et donc sa capacité à contraindre l'employeur à respecter les acquis de la négociation. Au rebours, elle donne une idée sur les marges de manœuvre qu'a la partie adverse de ne pas respecter le contenu de l'accord obtenu ; toute chose qui permet d'anticiper les prochaines étapes.

La définition des prochaines étapes constitue un point important en ce qui concerne les perspectives. Il est, alors, utile de définir les prochaines étapes, c'est-à-dire ce qu'il y a à faire après les négociations. En général, à cette étape, il y a l'information des militants. Par la même occasion, on recueille leur avis en se penchant sur la suite des événements. Car, à l'issue des négociations, trois cas de figure peuvent se présenter : un échec total, un succès total ou un échec partiel se traduisant par des gains plus ou moins satisfaisants, et en définitive une continuation ou un report des négociations.

Quelle que soit l'occurrence, il est vivement recommandé de recueillir l'avis des militants à l'occasion d'une rencontre qui peut prendre la forme d'une Assemblée Générale extraordinaire pour décider de la conduite à tenir. C'est le lieu de leur montrer que leurs avis et opinions comptent dans la gestion du syndicat. Dans la même veine, il s'agit de partager avec eux les responsabilités des actions à venir.

Un autre point à considérer, ici, est la saisine des institutions ou des juridictions (Inspection du Travail, Tribunal du Travail, Commission Nationale du Dialogue Social (CNDS)) compétentes en cas de blocage des négociations ou non-respect des engagements pris par l'employeur à l'issue des négociations. Il est question de répertorier les institutions ou les juridictions directement impliquées par le problème à traiter ainsi que les procédures à suivre pour les saisir. Après les perspectives, voyons comment se déroule la négociation.

## 2. LE DÉROULEMENT DE LA NÉGOCIATION

Cette section comporte l'équipe de négociation, la communication entre les membres de l'équipe, les discussions et le Procès-Verbal.

### 2.1. L'équipe de négociation

L'équipe de négociation est un composé de qualités, d'aptitudes, de savoir, de savoir-faire et de savoir-être individuels. Elle doit donc impliquer des individus avec diverses qualités comme la capacité d'écouter, de juger, d'analyser des situations nouvelles, d'apporter des critiques et d'être capables de concilier des adversaires. Toutes ces qualités doivent être exploitées au mieux durant les négociations.

Pour des résultats satisfaisants, Cormier (2004) suggère que les rôles et les responsabilités des membres de l'équipe soient précisés au préalable et qu'il y ait une hiérarchie fonctionnelle entre ceux-ci. L'auteur insiste surtout sur la stratification de l'équipe étant donné qu'elle fait remarquer que l'absence de hiérarchie, en tenant compte des statuts dans l'entreprise, peut engendrer des conflits individuels entre les membres de l'équipe, toute chose qui mettrait à mal la cohésion du groupe.

Avant de présenter l'équipe de négociation des syndicats, il convient de présenter celle des employeurs qu'ils auront en face d'eux.

#### 2.1.1. L'équipe de négociation de l'employeur

Labbé et Reynaud (2001) offrent une typologie d'une équipe de négociation. Elle est composée de trois catégories d'acteurs, en l'occurrence ***le pilote, l'observateur et les techniciens.*** Le pilote est celui qui conduit et oriente les débats.

Il est également chargé de distribuer la parole, formuler des propositions et apporter des réponses aux objections. Comme son nom l'indique, l'observateur observe, prend des notes concernant les points saillants de la négociation et les attitudes des différents acteurs. Il est utile pour la synthèse et les séances de débriefing des discussions. Quant aux techniciens, ils sont des personnes ayant des compétences spécialisées dans certains domaines que le pilote pourra, à l'occasion, mettre à profit pendant les négociations.

Dans le sillage de Cormier (2004), Landier (2007) propose également une esquisse, une typologie d'équipe basée sur les fonctions ***: le pilote de la négociation, l'observateur et le référent.*** Le pilote de la négociation désigne le leader, c'est-à-dire la personne chargée de conduire et animer les séances des négociations. Ensuite, il distribue les interventions aux différents participants, ouvre et clôt les débats. L'observateur, lui, est une personne chargée de noter méticuleusement les faits et gestes de la délégation syndicale. De même, il est chargé de noter les changements notables dans les attitudes, le comportement, l'hostilité ou l'approbation des membres de la partie adverse. *« Son rôle est de tirer profit de ces observations pour conseiller utilement les pilotes de la négociation » (Landier, 2007 : 222).*

La dernière personne est le référent ; ses rares interventions dans les débats ne visent qu'à apporter des précisions ou des jugements utiles sur les questions économiques, les intérêts de l'entreprise et/ou ceux des salariés. Contrairement à l'observateur qui s'intéresse aux moindres détails et aux faits immédiats, le référent, lui, s'intéresse aux questions structurelles, aux intérêts à long terme avec une dose de sagesse et de bon sens. À ces trois fonctions, l'auteur ajoute trois autres, notamment le conseiller, le joker, les experts et les techniciens.

Le conseiller peut apporter son expérience lors des discussions ; son charisme peut aider à dénouer les situations difficiles pendant la négociation. Le joker intervient également et est sollicité pour dénouer les situations complexes. Les techniciens et les experts sont chargés d'apporter un soutien juridique, économique, organisationnel, etc.

Qu'il s'agisse de la typologie de Labbé et Reynaud (2001) ou celle de Landier (2007), il se dégage une constante : la présence d'un pilote et d'un observateur auxquels il est, *mutatis mutandis*, possible d'ajouter d'autres acteurs dont les techniciens, le référent et le conseiller. Naturellement, ces acteurs contribuent à mener à bien les discussions. Qu'en est-il de l'équipe de négociation du syndicat ?

### 2.1.2. L'équipe de négociation du syndicat

En ce qui concerne le syndicat, Labbé et Reynaud (2001) nous proposent également une typologie : une équipe composée de trois acteurs, en l'occurrence ***un porte-parole du syndicat, un animateur des tensions et un chercheur de compromis***. D'abord, le porte-parole est considéré comme « le gardien du temple » en ce sens qu'il est chargé de mettre en exergue les valeurs, l'idéologie et les orientations politiques du syndicat et de circonscrire ainsi le cadre des discussions. Ensuite, l'animateur des tensions a pour rôle d'entretenir un climat permettant un équilibre en ce qui concerne le rapport de force. Enfin, le chercheur de compromis est un modérateur chargé de pondérer les ardeurs des deux autres et de trouver ainsi des accords avec l'autre partie.

Suivant l'analyse de Cormier (2004), la CMT et la CISL (sans date : 24) nous proposent une équipe plus étoffée vu qu'elle implique huit (8) compétences :

1. **un responsable d'équipe** : cette personne joue le rôle de président, de coordinateur et doit posséder des qualités d'écoute et de jugement ;
2. **un chef de projet** : c'est une personne pleine d'entrain et ayant l'esprit d'initiative. Il conduit le projet de la négociation ;
3. **un idéaliste** : c'est une personne attachée aux idées, assez imaginative, compétente et se souciant peu des détails. C'est un rêveur en quelque sorte ;
4. **un responsable du suivi et évaluation** : c'est une personne intelligente, avec une capacité d'analyse pertinente et surtout assez critique ;
5. **un responsable de la communication** : cette personne est chargée de collecter toutes les informations ; elle doit avoir le contact facile et être positive et extravertie. Cela peut faciliter les échanges avec la partie adverse, surtout lorsqu'il y a des blocages ou des impasses ;
6. **un travailleur de l'entreprise** : il est chargé de l'organisation. Il doit avoir la qualité de travailleur réputé ; le sens du devoir bien accompli ;
7. **un bâtisseur d'équipe** : c'est une personne capable de former des équipes ; capable également d'établir des ponts avec des personnes différentes. Elle doit, en outre, être sympathique et peu préoccupée par la compétition ;
8. **un responsable chargé de l'alerte** : cette personne se préoccupe des délais afin de veiller à ce qu'on les respecte. En effet, des rencontres trop longues peuvent épuiser les participants et les amener à perdre de vue les points essentiels de l'ordre du jour.

Nous avons préféré le terme de compétence au lieu de personne, car les auteurs ne manquent pas de souligner qu'une même personne peut jouer plus d'un rôle. De ces deux typologies, il se dégage une constante : l'équipe de négociation est un composé de différentes qualités, habilités et compétences individuelles indispensables aux discussions. Il s'agit, entre autres, de la capacité d'analyser et d'apporter des critiques ; de rechercher un équilibre lors des discussions, de la capacité à concilier des adversaires, de la capacité à écouter et bien juger, etc. Toutes ces qualités doivent être exploitées durant les négociations.

Une dernière chose sur laquelle il convient d'insister, est que chaque négociation est unique. Même si elle présente des similitudes avec des précédentes qui sont couronnées de succès, il faut se garder de les reproduire. Ces typologies sont centrées sur la négociation collective impliquant les syndicats et les employeurs. Toutefois, on pourra s'en servir pour l'adapter au dialogue social impliquant, cette fois, l'État.

### 2.2. Une communication univoque

Les discussions lors de la négociation nécessitent une excellente communication basée sur une compréhension mutuelle dans la mesure où il est nécessaire de comprendre ce que dit la partie adverse. De façon empirique, il est admis que l'employeur et les travailleurs ne parlent pas le même langage. S'ils utilisent les mêmes mots, ils le comprennent cependant différemment. D'un point de vue scientifique, les travaux d'auteurs comme Boltanski et Thevenot (1991) et Boltanski et Chiapello (1999) ont confirmé ce constat empirique. Ils ont, en effet, défini 7 mondes ou cités dans lesquels il est possible de ranger toutes les catégories sociales[21].

Selon les auteurs, les membres de chaque catégorie sociale s'appuient sur un ensemble de codes, de valeurs et de référents pour agir. Ainsi leurs actions sont-elles déterminées et justifiées entre autres par un principe supérieur commun, des figures, des sujets, des objets et des dispositifs, des relations, des rapports de grandeur, des images, etc.

À l'analyse, les syndicats peuvent être rangés dans le monde civique caractérisé par la volonté collective comme principe supérieur commun, la recherche des droits économiques, politiques et sociaux, etc. De même, cette cité est fondée sur la poursuite du droit à la participation ; la quête de l'intérêt général et de la représentation sont des valeurs de ce monde. En revanche, le capitaliste ou l'employeur peut être rangé dans le monde marchand, déterminé par la concurrence comme principe supérieur commun ; l'individualisme, l'intérêt particulier, l'attachement aux biens matériels sont les valeurs partagées par les membres de cette catégorie sociale.

Comme nous le voyons avec ces auteurs, les employeurs et les travailleurs n'ont pas les mêmes référents, ne partagent pas les mêmes valeurs, ne s'identifient pas aux mêmes objets. On peut légitimement affirmer qu'ils n'ont pas le même langage. Mais bien avant ces auteurs, Birien, Buchet et Granger (1978) avaient clairement révélé cet écart de langage entre employeurs et travailleurs qui peut affecter les discussions lors de la négociation. Cet état de fait est remarquable dans le tableau ci-dessous :

---

21- Il s'agit du monde de (i) l'inspiration, (ii) du monde domestique, (iii) du monde de l'opinion, (iv) du monde civique, (v) du monde industriel, (vi) du monde marchand et (vii) du monde par projet ou connexionniste (ajouté plus trad, c'est-à-dire en 1999 par Boltanski et Chapilello dans leur ouvrage *Le nouvel esprit du capitalisme*).

**Tableau 15 : Compréhension selon le statut de salarié ou d'employeur**

| | Pour l'employeur | Pour le militant |
|---|---|---|
| **Salaire** | Salaire plus charges | Salaire net, c'est-à-dire ce qui est réellement touché. |
| | Est déterminé par les possibilités économiques de l'entreprise. | Doit permettre aux travailleurs de satisfaire normalement ses besoins. |
| **Salaire de 2400 pièces[22] par mois** | Doit payer 3495,50 pièces | Ne touche que 2155,44 pièces |
| **Grève** | Ne doit être que l'ultime recours des syndicats, elle doit être précédée de négociations. | Est imposée par le patronat qui refuse systématiquement de négocier. |
| **Propriété** | La propriété privée des moyens de production est une base fondamentale de notre système économique. | La propriété privée des moyens de production entraîne le pouvoir de l'homme sur l'homme. |

Source ; Birien, Buchet et Granger, 1978, p146-147.

Comme l'indiquent les données du tableau, en raison des buts, des valeurs et des idéologies de chaque catégorie sociale, les mots sont polysémiques et ont un sens différencié selon la catégorie sociale à laquelle on appartient. Ainsi, le salaire, par exemple, représente deux réalités selon qu'on est employeur ou syndicaliste comme on peut le constater dans le tableau 15. En effet, pour le premier, le salaire comporte le salaire brut, mais aussi toutes les charges sociales, notamment les cotisations dans les différentes caisses sociales, les impôts sur les revenus versés à l'État, les assurances versées aux différentes compagnies, etc.

22- Nous avons remplacé pièce par Francs (français) dans le texte original pour éviter au lecteur des conversions qui pourraient s'avérer fastidieuses.

En revanche, pour le second, c'est-à-dire les syndicalistes, le salaire ne représente que ce qu'il perçoit réellement sur son compte bancaire ou ce qui lui est directement versé en main propre. On peut reprendre ce même exercice avec bien d'autres concepts comme la grève, la propriété, etc.

Par conséquent, pour mener à bien des discussions, les syndicalistes doivent comprendre le langage de l'employeur. Il ne s'agit pas d'épouser ou de partager ses valeurs, ses idéologies et/ou ses référents ; mais il est surtout question de comprendre parfaitement ce qu'il dit pour pouvoir apporter la réponse appropriée. Autrement, les négociateurs des syndicats doivent s'approprier le langage de l'employeur pour pouvoir ainsi répondre, de façon adaptée, aux problèmes qu'il pose. Outre mesure, les discussions se transforment en un dialogue de sourds qui correspond parfaitement à la négociation de positions où chacun laisse de côté les intérêts communs pour faire prévaloir ses positions.

### 2.3. Les discussions

À présent, nous arrivons aux discussions qui constituent le cœur de la négociation. Il n'existe pas de recette miracle pour réussir des négociations ; et très peu d'auteurs ou même d'organisations offrent des méthodes et approches suffisamment efficaces pour venir à bout de tous les employeurs. La plupart des écrits se penchent plus sur les employeurs et/ou les managers à qui ils offrent des recettes quant à la conduite de leurs négociations avec leurs employés.

Chaque discussion est unique ; c'est pour cette raison qu'il convient de contextualiser chaque négociation. Elle peut présenter des similitudes avec d'autres, mais elle est, en réalité, unique. Il faut donc la préparer en se référant aux sections précédentes.

Dans leur manuel consacré à la négociation collective, la CISL et la CMT (sans date) proposent quatre phases, notamment : (i) une phase préliminaire ou le démarrage, (ii) une autre pour l'ouverture avant celle (iii) des discussions proprement dites et (iv) une phase de clôture qui sanctionne la négociation. Ces différentes phases conviennent parfaitement à notre contexte que nous allons davantage expliciter.

### 2.3.1. La phase préliminaire

Cette étape commence avant l'ouverture des discussions. Le contexte est présenté et les différentes parties sont invitées à exposer leurs problèmes. C'est également l'occasion pour les participants de se connaître, de se jauger et d'apprécier surtout l'environnement de la négociation (type de salle, de table, disposition des participants, etc.). Ce dernier point doit avoir fait l'objet d'une reconnaissance préalable lors de la préparation, surtout si le cadre des discussions n'est pas familier. En fait, les discussions peuvent se tenir dans un endroit différent des salles de réunions habituelles de l'entreprise. Même si elles se tiennent dans l'entreprise, les dispositions habituelles peuvent être modifiées pour la circonstance.

### 2.3.2. L'ouverture

Les discussions proprement dites commencent à présent. Chaque partie présente ses préoccupations. En ce qui concerne les syndicats, il convient de procéder de la façon suivante :

1. **Faire une présentation des faits** : il s'agit de décrire le ou les problèmes suscitant les discussions ;

2. **Présentez les conséquences directes et indirectes sur les travailleurs** (conditions de travail et qualité de vie) ;
3. **Positionner le ou les problème (s) par rapport au cadre légal**. Autrement, mettre en exergue ce que le droit dit sur cette question ; quelle est la pratique dans l'entreprise ou ailleurs qui peut faire office de droit acquis (us et usage) ? Que dit la jurisprudence concernant ce problème ? etc. ;
4. **Formulez des propositions pour terminer** : il est inconcevable de soulever un problème sans avoir la solution. Les approches proposées dans les sections consacrées à la préparation aident à surmonter cela. Dans certains cas, et pour diverses raisons, l'employeur n'a pas la solution au problème posé. Il convient, de ce fait, de formuler des propositions réalistes qu'il soit en mesure d'accepter. Un refus le mettrait, à coup sûr, dans une mauvaise posture.

Cette présentation doit être concise et précise et ne doit pas être longue en termes de durée. Il est recommandé d'utiliser, par exemple, des présentations de diapositives[23] à cet effet. Une fois les présentations terminées, commencent les discussions.

### 2.3.3. Les discussions proprement dites

C'est le lieu des échanges, des concessions, des pressions, etc. Chaque partie argumente, soutient ses propositions pour

23- Ce sont des applications de systèmes d'exploitation permettant de diffuser des présentations pour un large public. Il y a par exemple Powerpoint pour MS office et Keynote pour Mac qui sont commercialisés avec les systèmes d'exploitation. Mais il en existe de libres avec des systèmes comme Linux.

imposer et faire passer ses vues. C'est l'occasion de mettre en pratique tout ce qui a été énoncé dans les sections suivantes concernant la négociation.

Vu les enjeux de la négociation, les tensions sont parfois très grandes et le risque de virer au conflit ouvert est énorme. C'est pourquoi les participants et plus particulièrement les représentants des syndicats, doivent mobiliser et développer des qualités spécifiques (Cormier, 2004). L'écoute, la courtoisie, l'assurance, la confiance en soi et bien entendu l'éloquence, sont entre autres qualités que les leaders syndicaux pourront développer pour les négociations.

Une fois que les différentes parties sont convenues sur des points précis ou alors ne sont pas parvenues à des accords, il convient de clore les discussions.

### 2.3.4. La clôture

Les discussions peuvent se terminer de plusieurs façons. Landier (2007 : 229) en propose quatre façons :

> *«Une négociation sociale peut se conclure de différentes façons ;*
>
> 1. *un accord signé par la totalité des organisations syndicales ou par celles qui représentent la majorité du personnel ;*
> 2. *un accord signé des organisations syndicales représentant une minorité seulement du personnel. Un tel accord est juridiquement valide mais évidemment moins légitime qu'un accord majoritaire. Il peut être sans valeur lorsque les organisations majoritaires font valoir leur droit d'opposition ;*

3. *un échec fondé sur un constat de désaccord et une incapacité à rapprocher les points de vue et à bâtir un compromis ;*
4. *un échec formel correspondant à une acceptation implicite, les organisations syndicales préférant laisser à la direction la responsabilité de la solution qui sera adoptée».*

L'auteur se positionne par rapport à l'employeur qui négocie avec des syndicats. Mais en ce qui concerne les leaders syndicaux, la configuration peut être quelque peu différente. Dans le cas d'un seul syndicat négociant avec l'employeur, il y a trois cas de figure :

1. un accord total ;
2. un accord partiel ;
3. aucun accord.

Mais lorsqu'il s'agit de plusieurs syndicats, les configurations sont multiples et elles varient en fonction du nombre d'organisations. Mais tout bien considéré, nous nous trouvons dans les trois cas de figure possibles, à savoir un accord total, un accord partiel et aucun accord. Si nous nous trouvons dans le cas d'un accord total, alors la partie est gagnée. Il ne reste plus qu'à signer un procès-verbal et informer ses militants.

Dans les deux autres cependant, nous sommes dans une impasse. Que faire ? Retourner à la table de négociation ou aller au conflit ouvert ? Dans certains pays comme la Côte d'Ivoire, la législation offre des pistes comme la saisine du Tribunal du Travail, le recours à une tierce personne (médiateur ou arbitre), etc. La CISL et la CMT (sans date) nous offrent entre autres quelques pistes :

- recourir à la solidarité. On peut essayer de trouver des partenaires qui partagent notre cause ;
- solliciter des experts. Ces derniers pourront étudier la question ; ce qui pourrait faire avancer la négociation ;
- exercer et/ou accroître la pression sur l'employeur. À cet effet, on pourra solliciter toutes les organisations susceptibles d'accroître cette pression. Mais, le syndicat doit avoir la capacité d'exercer plus de pression sur l'employeur ;
- Recours à une tierce partie pour une conciliation ou une médiation. On peut avoir recours à une troisième partie neutre pour aider à faire avancer la négociation ;
- Recourir à la grève. Ici, la négociation a entièrement échoué.

### 2.4. Le Procès-Verbal

Selon Rey, le procès-verbal est un document écrit « *... relatant ce qui a été dit ou fait lors d'une réunion ou d'une assemblée...* » (Rey, 2016 : 1868). En vertu de cette définition, tout ce qui a lieu au cours des négociations doit être consigné par écrit et signé par les différentes parties. Il existe deux types de procès-verbaux : le procès-verbal partiel et le procès-verbal global.

#### 2.4.1. Le Procès-Verbal partiel (PVP)

En raison de la mauvaise foi, difficile à mesurer, mais suffisamment perceptible, qui peut animer l'une ou l'autre partie lors des discussions, il est recommandé, lorsqu'il existe plusieurs points de revendications devant faire l'objet de discussion, de dresser un procès-verbal partiel pour tout point ayant fait l'objet d'accord ou de désaccord. Ainsi, une fois que les parties sont d'accord sur une ou des revendications par exemple, il convient de dresser un PVP pour cet acquis et le faire signer par toutes les parties impliquées dans la négociation.

À la fin des discussions, lorsque vient le moment de rédiger le PV, une des parties peut remettre en question un point que l'autre tenait pour acquis ; de quoi entamer la confiance et prolonger ainsi le conflit. Pour éviter de tels désagréments, un PVP est dressé pour chaque point et permet de rédiger plus simplement le Procès-Verbal Global (PVG).

### 2.4.2. Le Procès-Verbal global (PVG)

Le PVG se rédige pendant que se déroule la négociation. En effet, il faut éviter d'attendre la fin des discussions pour le rédiger. Il peut être remis en question à tout moment par l'une des parties ou alors, elles peuvent revenir sur des points en en faisant une autre interprétation. Ce qui peut avoir pour effet de transformer des acquis en impasse ou même décrédibiliser les leaders syndicaux qui auraient annoncé des acquis qui se révèlent être, en fait, des points de désaccord.

Dans la mesure du possible, le PVG est disponible à la fin de la rencontre et est signé par tous les acteurs. C'est sur la base de ce document que les leaders syndicaux invitent leurs militants à une Assemblée Générale (AG), informent l'opinion et leurs partenaires, etc. Il est aussi nécessaire pour l'évaluation de la négociation.

## 3. L'ÉVALUATION DE LA NÉGOCIATION

L'évaluation de la négociation se fait à trois niveaux à savoir : le bilan, la conduite à tenir et la diffusion des résultats.

### 3.1. Le bilan

Ici, c'est le lieu de faire le bilan de la négociation. Il convient de poser la question suivante : ce qui est obtenu est-il conforme à aux attentes de départ ? On met de bout en bout les revendications de départ et les acquis pour répondre à la question posée. Après quoi, on cherche à savoir ce qui a milité en faveur des résultats satisfaisants obtenus ; mais également ce qui a causé les désaccords.

### 3.2. La conduite à tenir

La prochaine étape consiste à poser la question suivante : que faire à l'aune des résultats obtenus ? À cet effet, il convient de convoquer les militants ; les en informer et demander leur avis sur les trois possibilités envisageables dans ce cas-ci : la poursuite des négociations, l'arrêt ou l'entrée en grève. Chacune des trois situations est analysée et un choix approprié est adopté avec les militants.

### 3.3. La diffusion des résultats

Les résultats obtenus lors des négociations sont, ensuite, diffusés par tous moyens nécessaires et disponibles. Il peut s'agir de meetings, d'affiches, etc. Cette étape permet de communiquer sur les actions du syndicat et maintenir les militants mobilisés et prêts pour les actions à venir, dont l'une des plus importantes est éventuellement la conduite de la grève.

# CONCLUSION

Le conflit étant au cœur de toutes les activités sociales, les hommes ont de tout temps développé des moyens et mécanismes pour les régler. En milieu professionnel, la grève et la négociation constituent deux modalités de gestion des conflits. En fait, la grève et la négociation sont intimement liées et représentent les deux faces d'une même médaille. Pour caricaturer, disons que la grève n'est rien d'autre que la dimension conflictuelle et ouverte, cependant que la négociation est la voie pacifique de la gestion des conflits ; et il existe un ensemble d'allées et venues entre les deux. En effet, on peut commencer par la négociation, aller en grève et revenir à la négociation ; tout comme on peut commencer par la grève, négocier et revenir à la grève.

Il n'existe aucune formule mathématique ou aucun schéma linéaire en matière de gestion des conflits indiquant par où commencer et comment en sortir. Ce qui est certain, c'est qu'on peut aller de l'un à l'autre et revenir indéfiniment. On peut donc paraphraser Carl Von Clausewtiz (2006)[24], comme cela a été déjà fait certainement, que *« la grève n'est que la simple continuation de la négociation par d'autres moyens »*.

Il ressort de cela que ni la grève ni la négociation ne constituent « un diner-gala » où les participants vont sacrifier un ensemble de rites mondains accompagnés de plaisirs et de joies de toutes sortes. C'est bien plus que cela. Les enjeux et les implications sont immenses et importants tant pour celui qui gagne que pour celui qui perd la partie. Un employeur qui perd se verra contraint d'accroître ses charges, de modifier

---

24- Carl Von Clausewtiz (2014) dans son ouvrage De la guerre a écrit : « la guerre n'est que la simple continuation de la politique par d'autres moyens », p56.

la structure de la plus-value, de réduire son profit, d'effriter son autorité face aux travailleurs, etc. C'est *mutatis mutandis* identique pour les syndicats de travailleurs qui sortent perdants d'une grève ou d'une négociation.

C'est bien pour la délicatesse de ces procédés de gestion des conflits que l'ouvrage a tenté de fournir aux différents acteurs impliqués dans la production les outils pour conduire une grève et/ou une négociation dans de meilleures conditions. Il ne s'agit pas d'une recette magique, mais d'un support qui gagnerait à être adapté en fonction de chaque contexte spécifique, car aucun conflit ne vaut un autre. C'est pourquoi il serait judicieux et primordial de cerner ces deux concepts avant de les aborder. Ainsi l'histoire et le droit ont-ils été convoqués, en plus de la sociologie du travail, pour aider à mieux comprendre l'objet de l'ouvrage.

Toutefois, cette approche ne résout pas entièrement la question, car pour le praticien en particulier, une conduite aisée de la grève ou de la négociation requiert d'autres attributs, en l'occurrence une formation syndicale suffisante. En effet, il s'avère nécessaire de comprendre le système de production dans lequel nous évoluons afin de mieux saisir, non seulement sa position, mais aussi celle de l'employeur et le fonctionnement du système en général.

Cela soulève quelques interrogations : dans quel mode de production sommes-nous ? Que représente le travail ? Que représente la production ? Comment ses fruits sont-ils redistribués entre l'employeur et le producteur direct ? Que représente le leader syndical ? Quelle est la fonction du syndicat ? Quelles sont les idéologies qui traversent les syndicats ? Etc.

Toutes ces questions doivent trouver des réponses pertinentes fournies par une formation syndicale appropriée pour que les leaders syndicaux en particulier s'approprient les outils de gestion des conflits proposés dans cet ouvrage. Il s'agit, en fait, d'une condition suffisante, mais non nécessaire. Ce qui veut dire qu'une pratique régulière, c'est-à-dire, une expérience avérée peut aider à surmonter cette lacune de manque de formation.

Mais à aucun moment, les leaders syndicaux ainsi que leurs militants ne devront faire l'économie d'une formation, car en plus d'aider à gérer les conflits, elle prépare moralement et idéologiquement le concerné. Comment résister, par exemple, face aux pressions de l'employeur et/ou du gouvernement sans formation syndicale et/ou idéologique ? Comment résister à l'argent qui circule abondamment dans ce milieu sans formation syndicale et/ou idéologique ?

Par ailleurs, ces questions pourront constituer des pistes pour les chercheurs intéressés par cette thématique. Ce qui contribuera à l'enrichir vu qu'elle n'a pas été suffisamment abordée sous nos tropiques. Par la même occasion, les experts et les praticiens, notamment les responsables de l'administration du travail, les leaders syndicaux et leurs militants ainsi que les employeurs pourront s'en servir pour guider et/ou formuler leurs modules de formation.

Pour finir, cet ouvrage entend ouvrir le débat sur la gestion des conflits en milieu professionnel et invite d'autres acteurs à l'enrichir par des contributions de toutes sortes afin que les différentes parties impliquées dans la production trouvent les ressources nécessaires à leur collaboration de fait. Notons, et ce n'est pas superflu, qu'ils sont contraints de partager le même environnement, quels que soient leurs humeurs, leurs ressentiments, leurs griefs à l'égard de l'autre. Dans ces conditions, un espace de travail convivial ne saurait être une vue de l'esprit. Il doit être une réalité.

# BIBLIOGRAPHIE

## OUVRAGES


Appiah Adou, 2013, *Le syndicalisme en Afrique subsaharienne : l'expérience de la Côte d'Ivoire*, Paris, l'Harmattan.

Benot Yves, 2005, *Les lumières, l'esclavage, la colonisation,* Paris, Éditions la découverte.

Bilodeau Pier-Luc et Sexton Jean, 2013, *Initiation à la négociation collective*, Deuxième édition, Québec, Presses de l'Université Laval.

Birien Jean Louis, Buchet Alain et Granger Jean-Yves, 1978, *Comment négocier avec les syndicats, techniques et pratiques des relations sociales*, Paris, Publie Union.

Boltanski Luc, et Thevenot Laurent, 1991, *De la justification : Les économies de la grandeur*, Paris, Gallimard.

Boltanski, Luc, et Chiapello, Ève, 1999, *Le nouvel esprit du capitalisme*, Paris Gallimard.

Brau Jean-Louis, 1978, *Comment comprendre le syndicalisme : pour mieux choisir*, Paris, Le Hameau.

Buisson Étienne, 1905, *La Grève générale*, Paris, Société Nouvelle d'imprimerie et d'édition [Hachette Livre BNF, 2016].

Carl Von Clausewtiz, 2014, *De la guerre*, Paris, Perrin.

Cormier Solange, 2004, *Dénouer les conflits relationnels en milieu de travail,* Québec, Presses de l'université Québec.

Crouzatier-Durand Florence et Kada Nicolas (dir.), 2017, *Grève et droit public : 70 ans de reconnaissance*, Toulouse, Presses de l'Université Toulouse 1 Capitole et LGDJ-Lextenso Éditions.

Crozier Michel et Friedberg Erhard, [1977] 2014, *L'Acteur et le système. Les Contraintes de l'action collective*, Paris, seuil.

De Laubier Patrick, 1985, *Histoire et sociologie du syndicalisme : XIXe-XXe siècles*, Collection Histoire Contemporaine Générale, Paris, New York, Barcelone, Milan, Mexico et Sao Paulo, Masson.

Enius François, 2017, *Culture d'entreprise : des racines et des hommes*, Paris, Afnor Éditions.

Follett Mary Parker, 2013, *Creative experience*, Eastford, Martino Fine Books.

Garelo Jacques, Lemennicier Bertrand et Lepage Henri, 1990, *Cinq questions sur les syndicats*, Paris, Libre échange, Presses Universitaires de France.

Georges Lefranc, 1970, *Grèves d'hier et d'aujourd'hui*, Collection Histoire du travail et de la vie économique, Paris, Éditions Aubier-Montaigne.

Godelier Éric, 2006, *La culture d'entreprise*, Paris, Repères, La Découverte.

Gutton Jean-Pierre, 1974, *La société et les pauvres en Europe*, XVIe-XVIIIe siècles, Paris, PUF.

Harnecker Marta, 1992, *Les concepts élémentaires du matérialisme historique*, 2ème édition, Bruxelles, Paris, Contradictions et L'harmattan.

James Cyril Lionel Robert, 2017, *Les jacobins noirs : Toussaint Louverture et la Révolution de Saint-Domingue*, Paris, Éditions Amsterdam.

Javilier Jean-Claude, 1981, *Les conflits de travail*, Que sais-je, Paris, Presses Universitaires de France.

Juès Jean-Paul, 1998, *La grève en France*, Collection Que-sais-je, Paris, Presses universitaires de France.

Labbé Daniel et Bertrand Reynaud, 2001, *La négociation collective en entreprise : aspects juridiques et pratiques*, Paris, Éditions Liaisons.

Landier Hubert, 2007, *Le guide des relations sociales dans les entreprises : Rôle des partenaires, communication, négociation et gestion des conflits*, Collection ressource humaines, Paris, Eyrolles, éditions des organisations.

Landier Hubert, 2015, *Dialogue social : une urgence pour l'entreprise*, Paris, L'Harmattan.

Laroche Patrice, 2009, *Les relations sociales en entreprise*, Paris, Dunod.

Miné Michel et Marchand Daniel, 2016, *Le grand livre du droit du travail en pratique : emploi, travail, relations professionnelles*, 28e édition, Paris, Eyrolles.

Mintzberg Henry, 2012, *Structure et dynamique des organisations*, Paris, Eyrolles.

Mousli Marc, 2003, *Négocier : l'art et la manière*, Paris, Maxima.

Pareto Wilfredo, 1963, *The mind and society. A treatise on general sociology*, New York, Dover publication.

Reynaud, Jean-Daniel, 1982, *Sociologie des conflits du travail*, que sais-je, Paris, Presses universitaires de France.

Stiglitz, J. E. et al 2012, *Le rapport Stiglitz : pour une vraie réforme du système monétaire et financier international après la crise mondiale*, Arles, Actes Sud.

Stimec Arnaud, 2011, *La négociation*, Les Topos, 2ème édition, Paris, Dunod.

Teyssier Éric, 2017, *Spartacus*, Paris, Éditions Perrin.

Thévenet Maurice, 2010, *La culture d'entreprise*, Que sais-je ? Paris, Presses Universitaires de France.

Thuderoz, Christian, 2000, *Négociations : essai de sociologie du lien social*, Paris, Presses universitaires de France.

Thuderoz, Christian, 2010, *Qu'est-ce que négocier ? Sociologie du compromis et de l'action réciproque*, Rennes, Presses universitaires de Rennes.

Tzu Sun, 2015, *L'art de la guerre*, Clamecy, Pluriel.

United Bible Societies (UBS), 1976, *Good News Bible*, New York.

Weber Max, 1995, *Économie et société : les catégories de la sociologie*, Tome 1, Paris, Collection Agora Pocket, Plon.

Zartman I William, 2008, *Negotiation and Conflict Management : Essays on theory and practice*, New York and London, Routledge.

## CHAPITRES D'OUVRAGES

Appiah Adou, 2008, « Promotion du développement et de la démocratie . les freins à l'épanouissement de la société civile en Côte d'Ivoire », dans Centre Ivoirien de Recherches Économiques et Sociales (CIRES), Institut Annuel pour la Démocratie, la Bonne Gouvernance et le Développement (IADBGD) et Union Européenne (UE), *Démocratie, Droits de l'Homme, Bonne gouvernance et Développement*, Collection Société et Économie, Abidjan, Éditions Universitaires de Côte d'Ivoire, p.15-46.

Fiendé Hippolyte Guy Ettien, 2008, « Égalité des droits entre l'homme et la femme en matière d'impôt général sur le revenu », dans Centre Ivoirien de Recherches Économiques et Sociales (CIRES), Institut Annuel pour la Démocratie, la Bonne Gouvernance et le Développement (IADBGD) et Union Européenne (UE), *Démocratie, Droits de l'Homme, Bonne gouvernance et Développement*, Collection Société et Économie, Abidjan, Éditions Universitaires de Côte d'Ivoire, p.143-163.

Spronk Susan et Terhorst Phillip, 2012, « Social Movement Struggles for Public Services », dans McDonald David et Ruiters Greg, *Alternatives to Privatization in the Global South*, New York, Routledge, p.133-156.

## ARTICLES SCIENTIFIQUES

Appiah Adou et Amalaman Martin. 2016, « Crises de démocratie et interventions militaires en Afrique : alibi de responsabilité ou enjeux hégémoniques ? » dans Cahiers de l'IREA, N°1, p.67-102.

Brayden King and Sarah A. Soule, 2007, « Social Movements as Extra Institutional Entrepreneurs : The Effect of Protest on Stock Price Returns », *Administrative Science Quarterly*, Volume 52, N°3, p.413-442, Consulté sur Internet (https://doi.org/10.2189/asqu.52.3.413) le 20 Mai 2019.

Bronfenbrenner Kate, 2006, « Comprehensive Strategy : The Key to Successful Organizing », dans *The state of the union report for the Ohio Education Association*, Consulté sur Internet (https://digitalcommons.ilr.cornell.edu/cgi/viewcontent.cgi ?article=1838&context=articles) le 1er Septembre 2015.

Camfield David, 2007, « Renewal in Canadian Public Sector Unions : Neoliberalism and Union Praxis » *in Industrial Relations*, Vol. 62, N° 2, p.282-304, Consulté sur Internet (https://www.riir.ulaval.ca/ sites/riir.ulaval.ca/files/2007_62-2_4.pdf) le 20 Mai 2019.

Chaykowsky, R. P. et Giles, A. 1998, « La mondialisation, le travail et les relations industrielles », *in Relations industrielles*, Vol. 53, N° 1, p.13-23, Consulté sur Internet (https://www.riir.ulaval.ca/sites/riir.ulaval.ca/files/1998_53-1_1_0.pdf) le 20 Mai 2019.

Donneur André, 2014, « La crise financière et la social-démocratie : La contribution de la Commission de l'Internationale socialiste sur les questions financières mondiales », dans *Revue Interventions économiques*, Consulté sur Internet (http://interventionseconomiques.revues.org/2257) le 20 Août 2015.

Gobin Corinne et Collombat Thomas, 2015, « L'austérité après 2008 : quel(s) sens d'un continent à l'autre ? », dans *Revue Interventions économiques*, N°52, Consulté sur Internet (http://interventionseconomiques.revues.org/2523) le 20/08/2015.

Gobin Corinne, 2007, « Dialogue social » dans Quaderni, N°63, pp. 32-36, Consulté sur Internet (http://www.persee.fr/doc/quad_0987-1381_2007_num_63_1_1768) le 15 mai 2019.

Goguelin Pierre L. G., 2005, « Le concept de négociation », dans *Négociations*, Vol 3, N°. 1, 2005, p. 149-170.

Jacquemot Pierre, 2005, « Le traitement de la corruption : le cas du Kenya », dans *Afrique contemporaine*, Vol 213, N°1, p165-178, Consulté sur Internet (https://www.cairn.info/revue-afrique-contemporaine-2005-1-page-165.htm) le 15 Décembre 2018.

Moreau Marie-Ange et Trudeau Gilles, 1998, « Le droit du travail face à la mondialisation de l'économie », dans Relations Industrielles, Vol 53, N°1, p.1-39.

Pernot Jean-Marie, 2006, « Une nouvelle internationale syndicale la CSI, replâtrage ou renouvellement ? », dans *Recherches internationales*, Vol 4, N° 78, p.7-22.

Rocard Michel, 2003, « Le développement de l'Afrique, affaire de volonté politique », dans *Études*, Vol 398, N° 1, p. 21-31.

## THÈSES ET MÉMOIRES

Ismaïla Touré, 1978, *Le travail en Côte d'Ivoire ; du collectivisme de fait à la participation provoquée*, Abidjan, Université d'Abidjan, Thèse de doctorat 3e cycle.

## TEXTES ET LOIS


Organisation des Nations Unies (ONU), 1948, *Déclaration Universelle des Droits de l'Homme (DUDH).*

Organisation Internationale du Travail (OIT),

- *1948, Convention N°87 sur la liberté syndicale et la protection du droit syndical.*
- *1949, Convention N°98 sur le droit d'organisation et de négociation collective.*
- *1971, Convention N°135 concernant les représentants des travailleurs.*
- *1981, Convention N°154 sur la négociation collective.*
- *1981, Recommandation N° 163 sur la négociation collective.*

République de Côte d'Ivoire,

- *Décret N°83-432 du 29 Avril 1983 portant réquisition des personnels d'État des enseignements du supérieur, de la recherche, de l'enseignement du second degré, de l'enseignement technique et de la formation professionnelle, des médecins, des pharmaciens, des chirurgiens-dentistes et des vétérinaires.*
- *Décret N°93-607 du 2 Juillet 1993, portant modalités communes d'application du statut général de la Fonction Publique.*
- *Décret N°96-207 du 7 mars 1996 relatif aux délégués du personnel et délégués syndicaux.*
- *Décret N°96-208 du 7 Mars 1996 relatif à la Procédure de conciliation concernant le différend collectif de travail*
- *Loi N°2015-532 du 20 juillet 2015 portant Code du Travail ;*
- *Loi N°2016-886 portant Constitution de la République de Côte d'Ivoire.*
- *Loi N°2019-574 portant Code Pénal.*
- *Loi N°2023-892 du 23 Novembre 2023 portant Statut Général de la Fonction Publique.*
- *Loi N°60-315 du 21 Septembre 1960 relatives aux associations.*
- *Loi N°92-570 du 11 Septembre 1992 portant statut général de la Fonction Publique.*
- *Loi N°92-571 du 11 Septembre 1992, relative aux modalités de la grève dans les services publics.*

- *Loi N°95-15 du 12 Janvier 1995 portant Code du Travail.*
- *Loi N°95–690 du 11 septembre 1995, portant modalités particulières d'exécution du service minimum en cas de grève dans les services publics*

République française, Conseil Constitutionnel, 17989, *Déclaration des Droits de l'Homme et du Citoyen*, Consulté sur Internet (https://www.conseil-constitutionnel.fr/node/3850/pdf) le 04 Août 2019.

## RAPPORTS

Amnesty International, 2011, *« Ilsontregardé sa carted'identité et l'ont abattu » : retour sur six mois de violences post-électorales en Côte d'Ivoire,* Rapport, Consulté sur Internet (https://www.amnesty.org/fr/documents/afr31/002/2011/fr/) le 20 Mai 2019.

Amnesty International, 2013, *Côte d'Ivoire : la loi des vainqueurs : la situation des droits humains deux ans après la crise post-électorale*, Rapport, Consulté sur Internet (http://www.amnesty.fr/sites/default/files/afr31012013_26fev2013.pdf) le 20 Mai 2019.

Banque Mondiale, 1997, *Rapport mondial sur le développement.*

Banque Mondiale, 2002, *Rapport mondial sur le développement.*

Banque Mondiale, 2018, *Doing business*

Confédération Internationale des Syndicats Libres (CISL) et Confédération Mondiale du Travail (CMT), (sans date), Négocier de meilleures conditions de vie et de travail : Intégration de la dimension de genre dans la négociation collective, Stratégie et technique de négociation, Livre 4.

Confédération Syndicale Internationale (CSI), 2018, *Rapport des violations des droits syndicaux, liberté syndicale-négociation collective-grève,* Consulté sur Internet (https://survey.ituc-csi.org/Cote-d-Ivoire.html) le 12 Avril 2018

Confédération Syndicale Internationale (CSI), 2019, *Indice des droits dans le monde 2019 : les pires pays au monde pour les travailleurs et les travailleuses*, Consulté sur Internet (https://www.ituc-csi.org/IMG/pdf/2019-06-ituc-global-rights-index-2019-report-fr-2.pdf) le 20 Juillet 2019.

Confédération Syndicale Internationale (CSI), 2023, *Rapport des violations des droits syndicaux, liberté syndicale-négociation collective-grève*, Consulté sur Internet (https://www.globalrightsindex.org/en/2023/regions/africa) le 18 Novembre 2023.

Conférence des Travailleurs de Madagascar (CTM) et Friedrich-Ebert-Stiftung (FES), 2009, *Syndicats et participation des travailleurs*, Rapport, Antonia Fleischmann.

The Economist Intelligence Unit, 2017, *Democracy Index 2017: Free speech under attack*, Consulté sur Internet (https://pages.eiu.com/rs/753-RIQ-438/images/Democracy_Index_2017.pdf) le 10 Avril 2018.

Transparency International, 2018, *Corruption Perceptions Index* 2018, Consulté sur Internet (https://transparency-france.org/wp-content/uploads/2019/01/IPC-2018-classement-global.pdf) le 20 Juillet 2019.

## DICTIONNAIRE

Beitone Alain, Cazorla Antoine, Dollo Christine et Drai Anne-Marie, 2013, *Dictionnaire de science économique*, Paris, 4ème édition, Colin.

Bevort Antoine, Jobert Annette, Lallement Michel et Mias Arnaud (dir), 2012, *Dictionnaire du travail*, Paris, Presses universitaires de France.

Denis Jean-Philippe et Martinet Alain-Charles (dir), 2016, *Lexique de Gestion et de Management,* 9ème édition, Paris, Dunod.

Dion Gérard, 1986, *Dictionnaire canadien des relations du travail*, Deuxième édition, Sainte-Foy, Les Presses de l'Université Laval.

Dollo Christine, Alpe Yves, Parayre Sandrine et Lambert Jean-Renaud, 2017, *Lexique de sociologie*, 5ème édition, Paris, Dalloz.

Guinchard Serges et Debard Tierry (dir), 2018, *Lexique des termes juridiques*, 2018-2019, Paris, Dalloz.

Rey Alain (dir), 2016, *Dictionnaire historique de la langue française*, Paris, Le Robert.

Silem Ahmed, Gentier Antoine et Albertini (dir), 2018, Lexique d'économie, 15ème édition, Paris, Dalloz.

## ARTICLES ET AUTRES DOCUMENTS EN LIGNE


Confédération Générale des Entreprises de Côte d'Ivoire (CGECI), 2018 (Brochure disponible sur Internet : http:// cgeci.com/adhesion/ (Consulté le 23 Mars 2018).

Confédération Syndicale Internationale (CSI), 2018, La liste des indicateurs, Consulté sur Internet (https://survey.ituc-csi.org/IMG/pdf/liste_des_indicateurs.pdf) le 12 Avril 2018.

De Sardant Olivier Jean-Pierre, 1997, « La corruption en Afrique dans le contexte de crise », Atelier ménages et crise Marseille, Consulté sur Internet (http://horizon.documentation.ird.fr/exl-doc/pleins_textes/pleins_textes_7/carton01/010018387.pdf) le 15 Décembre 2018.

Koaci, 2018, « Côte d'Ivoire : Les sept techniciens agronomes grévistes arrêtés, libérés, trois autres interpellés encore en garde à vue », consulté sur Internet (https://koaci.com/cote-divoire-sept-techniciens-agronomes-grevistes-arretes-liberes-trois-autres-interpelles-encore-garde--120801.html) le 22 Juin 2018.

Organisation Internationale du Travail (OIT), (sans date) Dialogue social : à la recherche d'une voix commune, Brochure, Consulté sur Internet (https://www.ilo.org/public/french/dialogue/download/brochuref.pdf) le 22 Février 2019.

Pierrotti Nelson, 2009, La première grève connue de l'Histoire, Consulté sur Internet (http://www.egyptos.net/egyptos/histoire/la-premiere-greve-connue-de-l-histoire.php) le 31 Janvier 2019.

Silué Assata Koné, 2014, La négociation collective comme source de normativité en droit du travail ivoirien, Rapport, Laboratoire de Recherche sur le Droit du Travail et le Développement (LRDTD), Working Paper Series, Consulté sur Internet (https://www.mcgill.ca/lldrl/files/lldrl/assata_kone-silue.pdf) le 13 Février 2019.

The Economist Intelligence Unit, 2018, Democracy Index 2018: Me too? Political participation, protest and democracy, Annual report, 2018, Consulté sur Internet (http://www.eiu.com/Handlers/WhitepaperHandler.ashx?fi=Democracy_Index_2018.pdf&mode=wp&campaignid=Democracy2018), le 20 Juillet 2019.

The Economist Intelligence Unit, 2019, Democracy Index 2019: A year of democratic setbacks and popular protest, Consulté sur Internet (http://www.eiu.com/public/thankyou_download.aspx?activity=download&campaignid=democracyindex2019) le 10 Mai 2020.

The Economist Intelligence Unit, 2019: Democracy Index 2022: Frontline democracy and the battle for Ukraine, Consulté sur Internet (https://www.eiu.com/n/campaigns/democracy-index-2022/), le 18 Novembre 2023.

Transparency International, 2017, Corruption Perceptions Index 2017, Consulté sur Internet (https://www.transparency.org/news/feature/corruption_perceptions_index_2017), le 11 Avril 2018.

Transparency International, 2017, Corruption Perceptions Index 2017, Consulté sur Internet (https://www.transparency.org/news/feature/corruption_perceptions_index_2017), le 11 Avril 2018.

Transparency International, 2019, Corruption Perceptions Index 2019, Consulté sur Internet (https://www.transparency.org/cpi2019?/news/feature/cpi-2019), le 10 Mai 2020.

Transparency International, 2019, Corruption Perceptions Index 2019, Consulté sur Internet (https://www.transparency.org/en/cpi/2022), le 18 Novembre 2023.

Wikihow, 2019, Comment faire grève, Consulté sur Internet (https://fr.wikihow.com/faire-grève), le 19 mai 2019.

# TABLE DES ILLUSTRATIONS

## La liste des tableaux

## La liste des graphiques



## La liste des schémas

## TABLE DES MATIÈRES

# INDEX DES AUTEURS

# INDEX DES MOTS

*Achevé d'imprimer en 2024*

Dépôt légal :
Numéro : 21432